日本人の心のふるさと

神と仏の物語

小松庸祐
Yoyu Komatsu

大法輪閣

目次

神と仏の物語

日本人の心のふるさと

一の語り

「共《きょう》生《せい》」の大切さ

○日本の神さまと仏さま

日本の神さまを知っていますか。

「鎮守《ちんじゅ》の森のお社《やしろ》に住んでいる」「大きな樹木、岩、山、滝……大自然の中に宿っている」「受験の時に天神《てんじん》さんにお参りしたら菅原道真《すがわらみちざね》公が祭神だった」「明治天皇を祀《まつ》る明治神宮《じんぐう》もある」……など、いろいろな答えがあると思います。

平安時代末〜鎌倉時代初期の僧・西行《さいぎょう》は、伊勢神宮参詣《さんけい》の折《おり》、

「何事の　おはしますかは　知らねども
　かたじけなさに　涙こぼるる」

清浄な水の流れや川底の礫《こいし》が光を放ち、千年を数える杉の枝葉は颯々《さつさつ》の声を発する、そのような神厳《しんげん》の空気に身を包まれた感激を歌っています。

また、〝和光同塵《わこうどうじん》（仏が神の姿で現われること）〟

の心で、
「榊葉《さかきば》に　心をかけて　木綿四手《ゆうしで》の
おもへば神も　仏なりけり」
とも詠《よ》んでいます（木綿四手は榊葉《さかきば》につける幣《ぬさ》）。
この二つの歌に導かれて、私は、神さまと仏さまの物語を書こうと思います。

さて、『万葉集《まんようしゅう》』の歌人、柿本朝臣人麿《かきのもとのあそんひとまろ》は、神さまについて、
「葦原《あしはら》の　瑞穂《みずほ》の国は　神ながら　言挙《ことあげ》
せぬ国……」（『万葉集』三二五三）
〈【現代語訳】　日本という国は、国を治められている神さまが、言挙（言葉にしてあれこれと言う）をしない国である〉
と歌っています。

『万葉集』が編纂《へんさん》された時代、日本人にとって神さまとは、お姿を示さず、言葉ももたず、ひたすら大自然の中に感じる存在でした。そして、畏敬《いけい》（かしこまり敬う）の心をもって神を拝することが、神さまの道理をわきまえることとされてきました。

大自然は、神の御心のままに活動する。風が起こり、海が荒れ、山が火を

西行の伊勢参拝の姿を描いた絵図（法楽寺蔵）

吹くのも、すべて神さまの御心であるとして恐れられていました。人々は、海の幸《さち》、山の幸、育てた野菜、お酒等の品々を神に供《そな》え、崇め奉《たてまつ》り、ひたすらに神の怒りにふれぬよう、つつましやかに暮らすことを旨《むね》としてきました。

そして、六世紀の中頃、インド・中国の巨大な文化（政治・文学・数学・医学・建築土木など）を吸収し、多義的な要因を持った仏教が、日本に伝来しました。

日本の国神に対し、仏教を他の国の神（蕃神《ばんしん》）ととらえ排斥《はいせき》しようとする部族と、仏もまた「神」であるから丁寧に迎えようとする部族同士の対立がありました。その結果、仏は海の向こうからやってきた客神、人神であるとする考え方がまさりました。

伝来した仏教も、その本質に「制覇《せいは》」というような意識はなく、日本の国神と伝来した仏教が「共生」するというかたちで、人々の間に浸透していきました。

神さまが宿る森林の大木（神木）で仏像が彫られ、神さまが治める地域（土地）に仏像を祀るお堂が建立《こんりゅう》されました。木を伐採《ばっさい》する時には神霊が安穏《あんのん》であることを願って仏典が読誦《どくじゅ》され、お堂を建てる時は八百万《やおよろず》の神々を勧請《かんじょう》して地鎮《じちん》の儀が行われ、仏教寺院の伽藍《がらん》に仏法を護る社が加わりました。また神社のそばには神《じん》宮寺《ぐうじ》（神の平安を祈る寺）が建立され、僧侶が住し、仏法の修法《しゅほう》が行われました。

このように仏教と神の道は、二者択一するものでなく、神と仏は異なるが融合して一つ、一つであって別という、独特な「神仏習合《しんぶつしゅうごう》」の信仰形態が培《つちか》われてきました。

丹生官省符神社（古くは神社七社と称した）の祭礼図。明神御幣、一宮神主、阿闍梨、一之宮神輿、二之宮神主と行列が続く。
（『熊野・伊勢・吉野・高野参詣路〈江戸時代〉より）

『今昔物語《こんじゃくものがたり》』にみる神と仏

日本最大の古代説話集『今昔物語』の第三十三に、次のような話があります。

京の都、西の洞院大路《とういんおおじ》に面した所に僧が住んでいました。特別貴いお坊さんというわけではありませんでしたが、いつも『法華経《ほけきょう》』や『仁王経《にんのうきょう》』（鎮護《ちんご》国家の経典）を読んでいました。住む家の筋向かいに神さまの祀られた森があり、経典を読み終えると、読経の功徳を神さまに手向《たむ》けるのを日課として過ごしていました。

ある日、黄昏《たそがれ》の残光に照らして経を読んでいると、こざっぱりとした二十歳余りの男がやってきて、「永年の功徳、ありがたく嬉しく存じております。そのご恩に報いたく思っていま す。さあ、私の家までお越しください。家は向かいです」と熱心に誘いました。そこでしぶしぶついていくと、神の森の高い木の根元につれていかれました。

男はその木に登りながら「あなたにお見せするものがあるのです」と言います。僧は後について登ると、立派な宮殿があり、男はその建物に僧を招き入れ、座をすすめました。そして「しばらくここにおいでになってください。私がいない間、決してここをのぞかないでくださ い」と言い置いて、内の方へ入っていきました。

のぞいてはいけないと言われたものの、こっそりのぞいてみると、東は梅の花が咲き、鶯《うぐいす》も鳴きうっとりとする景色、東南を見ると装《しょう》束《ぞく》姿の人々が船岡山《ふなおかやま》で子《ね》の日のあそび（京都北区にある小山で松の根を引き、一年中の病気を払い千《ち》代《よ》を祝う）をしています。南をみると、賀茂《かも》の祭りの物見車《ものみぐるま》が紫野《むらさきの》あたりをゆるゆると行き、神舘《かみだて》（神殿付属の建物）にホトトギスが眠そうに鳴いて、菖蒲《しょうぶ》がずらりと葺《ふ》き並べられている。西南を見ると斉祓《ときばらい》（夏越《なごし》祓）をする車が水中に引き入れてあり、西をみれば……（原本欠）

原文ではここから先は失われていますが、このお話から、

①神さまがお経の功徳を納受し感謝された。

②神さまが人の姿になり現われた。

③神の国には四季の浄土があり、それは仏教の浄土と重なり教えを共有している。

ということがわかります。

神の道には教祖と呼ばれる人物はおらず、教義も経典もありません。姿も文字もなく、神からのお告《つ》げ（神託《しんたく》）が人々を導いてきました。

一遍上人《いっぺんしょうにん》と熊野《くまの》の神さま

平生《へいぜい》を臨終《りんじゅう》と心得て念仏することを説く時《じ》宗《しゅう》を開いた一遍上人（一二三九〜一二八九）も、神々からの神託を受けた僧侶でした。

一遍上人が四天王寺《してんのうじ》を参詣した後、道行く人々に「一念の信をおこし、南無阿弥陀仏《なむあみだぶつ》と唱へてこの札《ふだ》を受け結ぶべし」と言って、賦算《ふさん》（念仏札くばり）をし、念仏勧進《かんじん》（念仏をすすめる）をしていました。その時、一人の僧に出会い、念仏のお札を差し出すと、僧は「いま一念の信心おこり侍らず、受ければ妄語《もうご》なるべし（嘘をつくことになる）」と辞退されました。一遍上人

一遍上人像（愛媛・宝厳寺蔵）

は、このことがあって、念仏勧進は正しい布教なのだろうか、という深い悩みにぶつかったのです。

悩みを抱えつつ、熊野本宮《くまのほんぐう》（本地仏《ほんじぶつ》・阿弥陀如来）の証誠殿《しょうじょうでん》に参籠《さんろう》しました。すると、熊野権現《ごんげん》（熊野本宮の神さまは阿弥陀如来の仮《かり》の姿＝権現）が現われ、「信・不信を選ばず、浄・不浄を嫌はず、その札を配るべし」という神託（神のお告げ）を一遍上人は受けました。

以来、一遍上人は「南無阿弥陀仏　決定《けつじょう》往生《おうじょう》六十万人《ろくじゅうまんにん》」と書かれたお札を人々にくばり続け、念仏踊りをしながら、奥州から九州に至る全国を遊行《ゆぎょう》して、念仏の教えを広めたのでした。

取り戻そう　日本人の「共生」の心

これらの物語が語るように、神と仏はひとつになったかたちで日本に定着してきました。

しかし、明治政府が神道国教化を目指して行った神仏分離《しんぶつぶんり》政策（神仏判然令　一八六八年）が、神と仏の融合を否定し、神道を仏教から独立させること（廃仏毀釈《はいぶつきしゃく》）により、千数百年の歴史の中で培われた信仰のかたちが、いっきに壊されてしまったのです。

　さて、二〇〇四年（平成十六年）七月七日、「神と仏が共に歩いた道」として、紀《き》伊《い》山地の霊場と参詣道が、「世界遺産」として登録されました。熊野三山、吉野《よしの》・大峯《おおみね》、高野山の三つの霊場と、これらを結ぶ熊野古道《こどう》、大峯奥駆《おくがけ》道、高野町石道からなり、三重、奈良、和歌山の三県にまたがる遺産です。明治新政府が破壊した神と仏の共生を、百三十六年後に人類がつちかった誇るべき文化として世界が認知した意味は、非常に大きいと思います。

　宗教的対立が生む紛争、悲劇がいまだになくならない現代に、共生の思想をより多くの人々に広めたいと、二〇〇八年（平成二十年）三月に、伊勢神宮や比叡山を始めとする寺院と神社、百五十社寺が結集し霊場を設立（神仏霊場）し、お参りを呼びかけています。

　今一度、神を尊崇し仏を拝む神と仏の融合のあり方を学び、実践して共生の心を人々に取り戻そうとする動きの芽《め》生《ば》えです。

二の語り

熊野《くまの》の権現《ごんげん》さま

○神仏の世界・熊野

青森県出身の板画家・棟方志功《むなかたしこう》（一九〇三〜一九七五）は、神や仏という信仰の厳《おごそ》かさをテーマ（主題）に自然と人間の生命力の係《かかわ》りを描き彫った独創的な作品を、数多く残しています。

今、熊野《くまの》（和歌山県）のお話を書く時、茶室で拝見した棟方志功の一幅の板画が思い出されます。それは真っ黒な墨の絵で山を描き出していました。題名は「蓬莱山《ほうらいさん》」（不老不死の霊山）でした。

山に雨が降ってきて、雨は滝となり川となり、里にくだる。里の田畑はその水で潤《うるお》い、作物が生き生きと育ち、人々の暮らしを豊かにする。川はひろがり、やがて海に出る。海の水は太陽に暖められて蒸発し、雲となり、ふたたび山に雨を降らす……

車の輪が回転するようにこれがくり返され

棟方志功の「蓬莱山」の板画

るのです。いただく一服のお茶に総《すべ》ての命が凝縮され、その命を頂戴《ちょうだい》いたしました。

熊野は森羅万《しんらばん》象《しょう》一切が仏法の世界を示し、一木一草に神さまが宿る奥深い神秘な国そのものです。多くの聖《ひじり》（修行者）が修行の地として山に籠り、滝に入り、海の向こうにある浄土を指し、霊的な力を獲得する修行を続けました。その結果、熊野は密度の濃い宗教的な環境が形成され、人々を魅了してきました。

『日本霊異記《にほんりょういき》』（奈良時代の仏教説話集）には、次のような、ある熊野の修行者についての説話が載せられています。

――樵《きこり》が熊野川の近くで、木を切り倒して船を造っていました。『法華《ほけ》経《きょう》』を読む声がします。姿は見えませんでした。しばらくして、船を引き出すために、樵は

熊野の山々
（手前は熊野川）

再び山に入りました。お経の声は続いていま す。不思議に感じ、永興禅師《えいこうぜんじ》（菩薩と慕われた僧） と一緒に声の主をさがしてみると、一人の死人 の骨を見つけました。

三年が過ぎました。樵は「経を読む声は前と 同じくやみません」と永興禅師に告げ、禅師は 再び山を訪ねられました。三年も過ぎたのに死 人の頭蓋骨の舌は腐らず、お経を唱えるたびに 動いていました。――

骨になっても経を読み続けている熊野の修 行者の説話でした。

自分の身の全てを捨て切ることが仏（如来） に対する「誠《まこと》」の供養であり、窮極《きゅうきょく》の修行で あると語られています。

死後の世界の苦からの救い「熊野詣《もうで》」

自然と一体となり霊験を得た修行者たちは、 熊野の聖地に上皇を始め、貴族、都人《みやこびと》を次々 と案内しました。

その目的は、「現世における安穏《あんのん》」と「必ず 行かねばならない死後の世界の苦からの脱却」 でした。

熊野の聖地には、いくつもの修行の流れが あります。青岸渡寺《せいがんとじ》を一番と定める「西国三十 三所観音巡礼」、また「補陀落渡海《ふだらくとかい》」を目指す 修行、さらに熊野本宮《ほんぐう》、速玉大社《はやたまたいしゃ》、那智《なち》大社に 詣で極楽浄土に生まれ変わることを願う「熊野 詣《もうで》」などです。

平安時代の今様《いまよう》歌謡『梁塵秘抄《りょうじんひしょう》』には、そ の熊野詣の様子が、次のように詠《うた》われています。

——熊野権現《ごんげん》へ参詣しようと志すが、歩いて行けば遠く、しかも途中の山路が険しい。馬に乗っていくのでは効力《こうりょく》を得るための修練苦《しゅうれんく》行《ぎょう》を成就《じょうじゅ》することにならない。いっそ空を飛んで参ろう。若王子《わかおうじ》（熊野の神々の中の一神）よ、私に翼をお授けください。——

熊野参詣曼陀羅
（速玉拝殿内・奉納額）

その苦労を逃れるため、鳥になって飛んでいきたいと訴えています。しかし、楽をしてお参りをすれば効験が得られない、この苦難苦痛を克服しさえすれば、熊野の権現さまが必ず死後にある最も恐ろしい地獄の苦から救ってくださる。この難行に耐えることが熊野権現に対する真実の尊崇心であり、その真心の念力によって

瀧尻王子社
（難波から熊野まで99ある王子社の１つ）

牛馬童子像
（熊野古道の中辺路にある石像）

効験が授かるのだ。一足歩めば地獄が遠のき、一歩進めば熊野権現に近づく、そして我が身の罪が消えうせる……

熊野を参詣する人々は、「南無《なむ》熊野《くまの》三所大権《さんしょだいごん》現《げん》　利生《りしょう》たれ給《たま》え」と唱えながら歩みました。熊野本宮の本殿は、この参詣する人々の〝誠の心〟を証明するというところから、「証誠殿《しょうじょうでん》」と呼ばれました。

「権現」とは「権《かり》（仮）の現《あらわ》れ」、仏が衆生《しゅじょう》を救済するために神に姿を変えて現れることをいいます。「熊野参詣曼陀羅《さんけいまんだら》」には、熊野の神々のお姿として、仏さまたちのお姿が描かれていますが、その仏さまたちが熊野の神々の実体（これを本地《ほんじ》と言います）ということなのです。

● 熊野の神々の物語

熊野の神々の由来を語る、次のような「御伽《おとぎ》草子《ぞうし》」（日本古典文学大系『御伽草子』より）があります。

――天竺《てんじく》（インド）にある摩訶陀国《まがだこく》の大王には、千人の后《きさき》がいましたが、子供はいませんでした。大王は「九百九十九人の后は思い出せるが、あと一人はどこにおるのだ」。大臣は「五《ご》衰殿《すいでん》のせんこう（か）女御《にょご》です」と答えました。

大王は女御のもとに足しげく通われ、やがて女御は懐妊。他の后は大王の足が遠のいたことを怨み、女御を陥《おとしい》れようと偽りの宣旨《せんし》を出しました。「五衰殿のせんこう女御后、悪王を懐妊。それ故に王城の内に虎、狼が出没。これを鎮めるため山谷の洞窟で女御の首を斬れ」。せんこう女御はこの宣旨を聞き、「どうしたことか。今朝まで大王さまとご一緒でしたのに……」。

身重の女御は、追い立てられ山奥へと連れていかれました。

首を斬られる時、子の誕生を待ってと頼み、豊かな髪を四つに結《ゆ》い分け「一結を梵天《ぼんてん》・帝《たい》釈天《しゃくてん》に、一結を父母に、一結をこの山の神に、一結をこの山に住む虎と狼に奉《たてまつ》る。王子を守り給え」と祈念し、やがて王子が誕生しました。

女御は王子に、「虎と狼を父母と思いなさい。私の左右の乳房は三年の間お乳を出し続けます。梵天・帝釈天さまが、暑い時は涼しい風を送り、寒い時は御衣となって風を防いでくださいますよ。この麓《ふもと》に聖《ひじり》（地けん聖、または地けん上人《しょうにん》と呼ばれる）がおられます。読み書きを習いなさい。私の後世をも弔《とむら》って。七歳になったら父・大王のもとに参られ、私が首を召された理由を話してください」と言い残し、首を斬《き》られました。

王子は山の神、梵天・帝釈天、虎と狼に守られ成長し地けん聖に見いだされ、大王の前で母の受難を語りました。

大王は涙を流し、「女人の遺恨《いこん》によって、このような憂き目を見るとは実に悲しいことだ」。王子は母の首を捜してくださいと大王に頼みました。やがて、うまやの敷板の下から苔《こけ》むした

【熊野の本地絵巻】

（部分。杭全神社蔵）

① 1000 人いる后のうち、せんこう女御のもとに通う摩訶陀国大王。

② 嫉妬した他の999人の后たちの企てで女御は追放、王子を出産後、首を斬られ、王子は虎や猪に育てられる。

③ 成長した王子は大王と対面。母の供養をする。

④ 女御は大王や王子とともに熊野に降臨する。

那智の滝

首を掘り出してきました。

　王子は母の首を見ると、気を失うほど嘆き悲しみました。大王はこの様子をつくづくと見て「この世にあって何を楽しみにしたらよいのだろうか」と嘆かれ、王子をしっかりと抱き、女御の御首と一緒に飛ぶ車に乗り、摩訶陀国の都を出て、日本の紀国《きのくに》（和歌山県）牟婁郡《むろのこおり》音無川《おとなしがわ》に降り立たれました。

　大王は多くの人々の善悪を導き守るために、せんこう女御の御首を祀られました。これが熊野の権現さまなのです。

　「証誠殿」は阿弥陀如来の化身、「大王」両所権現は観音菩薩の化身、「五衰殿のせんこう女御」那智《なち》の権現は薬師如来の化身、「地けん聖」若王子は十一面観音の化身で、「王子」のことです。

　熊野三山は、本宮が阿弥陀如来、新宮が薬師如来、那智は飛瀧《ひりゅう》権現、瀧本は千手観音なのです。

　このお話の中心は、五衰殿の女御の受難と、死してもなお乳を出し続け、子を養う母の愛です。

人間として耐え難い苦難。しかし母の愛はそれさえも打ち破る。純化された愛は神そのものであり、その源である慈悲心は観音菩薩そのままです。

人々を引きつけた権現信仰

私たちの身の回りには、権現さまがたくさんおられます。秋葉《あきば》権現（東京の秋葉原の地名は、この権現さまを祀ったことから）、蔵王《ざおう》権現、金毘羅《こんぴら》権現、浅草三社《あさくささんじゃ》権現……。

このような権現の信仰（仏と一つという概念）が、本宮・新宮・那智、三つの神を結び、神と仏が一つになって多くの人々を引きつけたのが熊野三山、いわゆる熊野詣なのです。

熊野の神々の由来を語るこの物語は、室町時代、熊野の本地と呼ばれ、多くの庶民、女子や子供にも広く流布しました。それは、「蟻《あり》の熊野詣」と呼ばれる表現を生み、さらに多くの人々を熊野に引き寄せたのでした。

三の語り

熊野《くまの》と一遍上人《いっぺんしょうにん》、小栗判官《おぐりはんがん》

●一遍上人と「二河白道図《にがびゃくどうず》」

今から千四百年ほど前、唐《とう》時代の中国に善導《ぜんどう》大師《だいし》（六一三～六八一）という僧がおられました。浄土宗の開祖・法然上人《ほうねんしょうにん》に多大な影響を与えた浄土教の大成者です。その善導大師の説かれた、次のような譬《たと》え話が伝わっています。

——故郷を離れ、都で働いていた男が父母を恋しく思い、故郷のある西に向かって旅に出ました。広い野原に出た時、にわかに北の方から波浪《はろう》に荒れ狂う河が行く手を阻《はば》みました。南に向かおうとすると悪獣や刀を手にした盗賊たちが待ち構えています。

進むことも退くこともできず、このまま死ぬのか、と周りを見回すと、水と炎の境に白い道が見えました。道幅は僅か五寸ほど、百歩ほどで通りぬけられるかもしれないと思ったその時、東の方から「その白い道を進め」、西の方からは「勇気を出せ。踏み出せ。汝《なんじ》を守るぞ」という声が聞こえてきました。そして後方からは「進めば死ぬぞ」という声がします。――

「御《おん》二《に》河《が》白《びゃく》道《どう》之《の》柵《さく》」
（棟方志功画／富山県高岡市善興寺蔵）

棟方志功が、金子大榮著『二河譬』を読んで感銘を受け、その想いを込め善興寺本堂障壁画として描いた作品。

この白い道は西方《さいほう》浄土に至る道を表し、清浄《しょうじょう》な信心を示します。火の河は人々の怨《うら》み、怒り（瞋恚《しんに》）、水の河は執着《しゅうじゃく》（貪愛《とんあい》）の譬え。東の声はお釈迦さまの諭《さと》し、西の声は阿弥陀仏の救いを意味しています。つまり、「煩悩《ぼんのう》の中に往生《おうじょう》の発心《ほっしん》がある」という教えで、それを絵で表現したのが「二河白道図《にがびゃくどうず》」です。

これを深く捉《とら》え、修行に勤《いそ》しんだ僧に智真《ちしん》（＝一遍《いっぺん》上人・一二三九～一二八九）がいました。

智真は四国・伊予《いよ》（愛媛県）の生まれです。父は水軍《すいぐん》を率いる武士で（承久《じょうきゅう》の乱で没落）、十歳で母を亡くし、出家し、浄土宗の僧の聖達《しょうだつ》のもとで修行しました。父の没後、伊予に戻り還俗《げんぞく》（俗人に戻る）し、家長を務めますが再び出家、信州・善光寺に籠《こ》もり祈るうち、「念仏一筋が我が道」と独自の阿弥陀信仰に目覚めました。その時、本堂に描かれていた「二河白道図」を写しています。再び伊予に戻ると、二河白道図を本尊として浄土を観《かん》念《ねん》し、経を読み、弥陀の名を称《とな》え、礼拝《らいはい》すること三年、岩屋寺《いわやじ》の行場《ぎょうば》で不動明王に〝我進むべき道を示したまえ〟と加持祈祷《かじきとう》をしました。

岩屋寺勝景太略図

　そして再び発心し、念仏を称《とな》え、人にも念仏を勧め（称えさせる）、お称えした者に「南無阿弥陀仏」と書いたお札《ふだ》を賦《くば》る行脚《あんぎゃ》に出ました。高野山にも登り、阿弥陀の浄土と信仰されている熊野を目指しました。その道中、一人の僧に出会います。いつもの通り「念仏申してこのお札を受けるべし」と念仏札を差し出したところ、僧は「称えないことを受ければ妄語戒《もうごかい》（嘘をつかないこと）を破ることになる」と拒絶します。それでも智真は「受けるべし」と無理やり念仏札を渡すのです。しかしながら、この僧侶の拒否の態度によって、念仏勧進《かんじん》をこのまま続けてもいいのかと壁に突き当たってしまいました。

　やがて、熊野にたどり着いた智真は、誠《まこと》を捧げ祈り、自身の迷いを告白します。すると熊野権現《ごんげん》が白髪の山伏《やまぶし》となって現れ、「信・不信を選ばず。浄・不浄を嫌わず。その札を配るべし」と神宣の啓示を目の当《ま》たりにしました。「我が法門は熊野権現の夢想《むそう》の口伝《くでん》なり」。智真の迷いは消えさります（『一遍上人絵伝』より）。智真以来、智真は名前を一遍と改め、救いは名号を称え念仏札を渡すこと（賦算《ふさん》）にあるのだと確信し、「南無阿弥陀仏・決定往生六十万人《けつじょうおうじょうろくじゅうまんにん》」とお札に印し、十六年間にもおよぶ遊行《ゆぎょう》を始めました。その道程は、北は奥州、南は九州と広範囲にわたり、その中、空也《くうや》上人がしたという念仏踊りも一遍上人を慕う集団（後の時宗《じしゅう》）の中から起こり、賦算活動に活力が加わりました。

そして生涯寺も持たず、経典さえも焼却し、すべてを捨て去り、ただ南無阿弥陀仏がすべてであるということを示し、五十一歳で往生しました。

一遍の死後、教えを継承した聖《ひじり》・比丘尼《びくに》・巫《み》女《こ》たちは「熊野の権現さまは男女の区別なく、富める者も貧しき者も分け隔《へだ》てをなさらない神さまである」と盛んに熊野詣《もうで》を勧めました。この賦算活動が盛んになる中、神仏の縁起を語る説教節が広まりました。中でも、小栗判官《おぐりはんがん》の話は広く民衆の知るところとなりました。

小栗判官の物語

常陸《ひたち》の国（茨城県）小栗城主・小栗彦次郎平《ひこじろうへいの》助重《すけしげ》（判官）は、室町時代・応永九年（一四〇二）の頃に生まれました。二十歳を迎える頃、小栗城は鎌倉公方《くぼう》・足利持氏《あしかがもちうじ》の攻撃を受けて落城し、小栗主従は三河《みかわ》（愛知県）の親族を頼り、落ち延びていきます。

照手姫は小栗判官だとは知らず、良人の供養と、狂女の姿に身をやつして土車を引いている。

（江戸期の文献『西国道中熊野詣記』より）

相模《さがみ》の国（神奈川県）郡代《ぐんだい》・横山大膳《だいぜん》の館に宿泊の折、計略により小栗主従全員は毒殺されるのですが、大膳の娘・照手姫《てるてひめ》（小栗判官と婚約した女性）の機知により小栗判官は毒の量が少なく、仮死状態で埋められます。

冥土《めいど》に堕《お》ちた小栗主従たちは、閻魔《えんま》大王の前で裁きを受けますが、家臣は小栗を罪から守るため色々申し立てをします。その忠義に深く感じ入った閻魔大王は小栗を一人娑婆《しゃば》にもどすことにしました。

こうして小栗は、上野《うえの》ヶ《が》原《はら》の塚を破り、餓《が》鬼《き》の醜い姿でこの世に戻ります。蘇生した小栗の胸には〝この者を熊野本宮《ほんぐう》・湯《ゆ》の峯《みね》の湯に入れよ〟と書かれていました。時宗《じしゅう》本山清浄《しょうじょう》光寺《こうじ》遊行《ゆぎょう》上人《しょうにん》十四世・他阿《たあ》大空《だいくう》上人は、それを閻魔大王の直筆の伝言と見て取り、その文字の横に「餓鬼阿弥陀仏」と書き、「この者を一引き引いたは千僧供養、二引き引いたは万僧供養」と書き添えをしました。そして小栗は土車《つちぐるま》に乗せられ、次から次へと人々の手によって熊野に向かって引き出されました。

えいさらえい　上野ヶ原を引き出し
えいさらえい　酒匂《さかわ》の宿小田原《おだわら》に入り
えいさらえい　美濃《みの》の国青墓《あおはか》の宿に
えいさらえい　天王寺《てんのうじ》　住吉《すみよし》　堺《さかい》

熊野の山中に入ると、大峯山《おおみねさん》に登る修験者《しゅげんじゃ》たちに担《かつ》がれ、進みます。そして四百四十四日目、小栗は長い苦難の旅路を経て熊野・湯の峯に着きました。東光寺の薬師如来に祈願し、四十九日間湯治《とうじ》に専念しました。

熊野権現の加護と湯の峯の効力により本復《ほんぷく》を遂げた小栗は、山伏の姿で都に戻り、照手姫をさがしもとめ、青墓の宿に行くのです。二人は結ばれ、常陸の国に帰り、二代にわたる長者として栄え、小栗は八十三歳で往生しました。

――このお話は、美濃の国（今の岐阜県南部）墨俣《すのまた》の正八幡《しょうはちまん》荒《あら》

小栗判官を乗せた土車を埋めたとされる「車塚」
（熊野・湯の峰）

人神《ひとがみ》が人間であった時の物語です。

小栗判官の物語は、物語としての領域を超え、各地に小栗判官・照手姫の軌跡を残しました。関東から東海道を下った熊野への道筋、また、新潟の塩谷《しおや》から能登《のと》の珠洲《すず》、敦賀《つるが》に下って海津《かいづ》を通り大津《おおつ》に至る道。それは時宗《じしゅう》の聖《ひじり》たちの賦算《ふさん》活動の道であり、小栗判官の説教節の道でした。

明治二十二年（一八八九）八月、熊野川・音《おと》無《なし》川の大洪水は、その中州にあった熊野本宮大社をのみこみました。

今、熊野大社の元の場所「大斎原《おおゆのはら》」は静寂な森を形成しています。大社の証誠殿《しょうじょうでん》があった場所には小さな舎が奉《たてまつ》られ、その真《ま》向かいに一遍上人真筆の「南無阿弥陀仏」の名号碑《みょうごうひ》が建っています。吹く風にさらさらと揺れ動く木々の葉は、まるで一遍上人をとり囲んだ大勢の人々がお念仏を称えているよう。吹き寄せられる桜の花びらはお念仏踊りをしているようでした。

一遍上人真筆「南無阿弥陀仏」名号碑（熊野・大斎原）

熊野は、今も昔も詣でる人々の心の眼を開かせ、汚れた身を浄化し、照手姫の判官に対するような真の愛を育む、神と仏の霊場なのです。

四の語り

スーパースター・役行者《えんのぎょうじゃ》

神の山・葛城山《かつらぎさん》

倭国《やまとのくに》（奈良県）の西には、生駒《いこま》・信貴《しぎ》・二《に》上《じょう》・葛城《かつらぎ》・金剛《こんごう》の山々が連なっています。これらの山を越え、摂津《せっつ》・河内国《かわちのくに》（大阪府）に出る道が四つあります。生駒の北側をぬける「日下《くさか》道」、南側を通る「暗峠越《くらがりとうげごえ》」の道、二上山の南を通る「竹内《たけのうち》街道」（飛鳥《あすか》と難波宮《なにわのみや》を結ぶ最短距離の道「大道」でした）、そして信貴山の南を通り法隆寺の前を進む「竜田《たつた》越」です。これらの道は、倭から国外へつながる道でもありました。

葛城山には飛鳥時代、渡来系の人々が移住していたことが知られています。それらの人々が銅や鉄を掘出し、製鉄の炉を造り、高度な技術を持って武器や生活用品を生産する小集団を形成していました。

また、葛城山は神々が宿る神話の宝庫でもあります。瓊瓊杵尊《ににぎのみこと》が天照大神《あまてらすおおみかみ》の命を受けて葦原中国《あしはらのなかつくに》を治めるために、葛城から日向国《ひゅうがのくに》（宮崎県）の高千穂《たかちほ》に天降《あまくだ》った「天孫降臨《てんそんこうりん》」の出発地点・高天原《たかまがはら》があり、千筋の脚をもった土蜘蛛《つちぐも》「蜘蛛窟《くつ》」の話も、この葛城の地から生まれました。

そして、豪族・鴨《かも》（加茂）族が活躍した地でもあり、葛城山麓《ろく》にある高鴨《たかがも》神社はこの鴨族ゆかりの神社です。全国の加茂社（京都の上《かみ》賀茂・下《しも》賀茂社は有名）の元宮《もとみや》として平安遷都《せんと》後も朝廷は尊崇の誠《まこと》を捧げています。

葛城山の裾野《すその》二十キロメートルの範囲には『延喜式神名帖《えんぎしきじんみょうちょう》』（平安時代）に名を連ねる「式《しき》内社《ないしゃ》」が四社あり、この地域が神の山であったことを物語るものです。

一言主神《ひとことぬしのかみ》の説話

さて、『古事記《こじき》』に、葛城の神さま「一言主神」の説話があります。

ある時、雄略《ゆうりゃく》天皇（安康《あんこう》天皇の弟・幼武尊《わかたけるのみこと》）が葛城山に登られ狩りを楽しむことなり、官職の人々に紅い緒《お》のついた青摺《あおず》りの揃《そろ》いの衣を着せて葛城山に登り始めました。すると、向かいの尾根《おね》伝いに天皇とまったく同じ装束《しょうぞく》をまとった者がいるではありませんか。そのお共たちも皆同じ青摺りの衣を着《ちゃく》していました。

天皇は自分たちと同じ姿の一行を不思議に思い、「この倭の国には吾《われ》以外に王はいない。私と同じ姿をしているのはなぜだ」と問いました。すると、相手も同じ言葉で言い返してきました。天皇は大いに怒り、弓に矢をつがえ、家臣たちも皆弓をひきしぼり、いつでも射《い》ることができる姿勢をとりました。

そして再び「名を告《こく》せよ。でなければ矢を射る」と言うと、「吾まず問うなら、吾から名を告せり」と応じ、先に「吾は悪事も一言、善きも一言、一言で全てを解決する神。葛城の一言主の大神なり」と大声を発しました。

天皇は、我が一族の大神さまが現れ、自分にそのお姿を示されたといたく感激しました。そして敬意を示すため、大御刀《おおみとしろ》、弓矢、百官たちが着している青摺りの衣を脱いで奉納されました。大神は贄辞を呈《てい》して奉納の品々を受け取られ、山の下まで天皇の一行を見送ったということです。

「狩り」は古来、権力を示す遊興《ゆうきょう》でした。この物語は、雄略天皇が葛城一言主大神と交流をもち、一言主神の特別な加護を得た天皇であることを示す話です。

役行者の活躍

葛城の一言主大神は、修験道《しゅげんどう》の開祖・役行《えんのぎょう》者《じゃ》とも深く関わっていました。

役行者（神変大菩薩《じんぺんだいぼさつ》）は実在の人物です。幼少の頃は役小角《えんのおづぬ》、その後は役優婆塞《えんのうばそく》の呼び名で『日本書記』、『日本霊異記《りょういき》』、『今昔物語《こんじゃく》』などに登場します。まずは『日本霊異記』にあるお話を紹介いたします。

『役行者御一代利生記図絵』より
（江戸期）

役小角は葛城山麓、現在の奈良県御所市《ごせし》茅《ち》原《はら》の吉祥草寺《きっしょうそうじ》付近で生まれました。父は賀茂《かも》役君《えだちのきみ》、母は白専女《しらとうめ》。母も賀茂一族で容姿端麗《たんれい》でたぐい稀《まれ》な賢女でした。

舒明《じょめい》天皇五年の頃、白専女は額に小角のある王のごとき男子を出生しました。その子は小角《おづぬ》と呼ばれ、歩く時にも虫を踏まないよう注意を払い、花や木々の実を仏に供《そな》えるといった心優しい子どもで、草（吉祥草）で御堂を作り、土で仏を造って遊ぶのが好きでした。七歳の頃には孔雀明王《くじゃくみょうおう》の真言を唱え、葛城の山に登り、雨の中を歩いても衣服はいつも濡れなかったといわれ、不思議な才能を発揮し、人々に崇敬されました。

役行者の絵像
（法楽寺蔵）

やがて、役小角は葛城山の洞窟に籠《こも》り、本格的な修行を始めます。『日本書記』には、「霊鳥が出現した」また、「ある時、葛城の山に竜に乗ったものがおり、貌《かお》は唐人に似て青き油の笠《かさ》を着し、峯《みね》から駈《か》けて生駒山に隠れた」といった記述があります。六五五年五月、斉明《さいめい》天皇の条で、役行者二十五歳頃です。

さらに、『日本霊異記』に「孔雀王呪経の呪法を修め、不思議な力を得る、現世で仙人となり、空を飛んだ話〈第二十八〉」があり、その大意は次のようなものです。

役優婆塞《えんのうばそく》（＝役行者）はよわい三十有余歳で葛城山の岩窟に住み、葛《くず》の衣を着し、松の葉を食し、清い泉で身を清め、人間界の穢《けが》れをすすぎ、孔雀王呪経の呪法を修め、不思議な術をさとりました。

鬼神を駆使することは自由自在で、前鬼《ぜんき》・後鬼《ごき》の両鬼をはじめとする多くの鬼神を駆り立てて「大和国《やまと》（＝倭国）の金峯山《きんぷせん》と葛城山の間にひとつの橋をかけよ」と命じました。

鬼神たちはみな困り果てていたところ、文武天皇の御世に葛城山の一言主の大神が人にのりうつり、讒言《ざんげん》して「役優婆塞は天皇を滅ぼそうとしている」と言わせました。天皇は驚いて、役人を使わし、優婆塞を取り抑えようとします。しかし、優婆塞は空中を飛びまわり捕えることができず、代わりに優婆塞の母を捕えます。すると優婆塞は、母を助けるために自らすすんで出てきて捕えられ、伊豆の島に流されました。

その時、優婆塞の体は海の上に浮び、陸のように海の上を走り、山の頂《いただ》きで鳥のように飛びまわりました。昼間は天皇の命に従って島から

役行者の母・白専女像（吉祥草寺蔵）

出ず修行し、夜になると駿河国《するがのくに》（静岡県）の富士山に出かけて修行を続けました。

島に流されて三年、恩命がくだり、大宝元年（七〇一）正月、役優婆塞は朝廷に出向きます。そして内裏《だいり》に近づいた時、ついに仙人となって空に昇り飛び去ってしまいました。

我が国の道昭《どうしょう》法師が天皇の命を受け、仏法を求めて唐に渡った時、新羅《しらぎ》国に請われ法華経を講義していると、日本語で質問するものがありました。道昭が「あなたはどなたですか」と尋ねると、「私はもと日本国にいた役優婆塞だ」と答えました。

「かの国では神の心もねじれ、人の心も邪《よこしま》だったので私は去ったのだ。しかし、今でも時々行くことがある」と優婆塞は言いました。道昭は高座から降り、伏して拝みましたが、その姿は忽《たちま》ちに見えなくなってしまいました。

現代人もあこがれる役行者

さらに『今昔物語十一―三』には「金峯山の蔵王《ざおう》菩薩（＝役行者が感得し示現させた神・金剛蔵《こんごうざ》王権現《おうごんげん》のこと）は、この優婆塞の行い出し奉《たてまつ》ったものである」、「一言主神を召して呪《じゅ》で縛り谷の底においた……」と記されています。

役行者は鴨族の出身で、一言主神はこの鴨族の神さまで、時の朝廷にも大きな力を発揮してきました。しかしながら、厳しい修行を積み超人的な能力を得た役行者に人々の心が吸い寄せられることに、一言神主は危機感を覚えたのでしょうか。鴨一族内の主導権争いがこのような物語になったのだと考えられます。役行者は宮中より飛び去り、そして唐へ行きます。政権争いに身をおきたくなかったのですね。

この物語を明治の小説家坪内逍遥《つぼうちしょうよう》は戯曲《ぎきょく》に仕立てました。『役行者』（岩波文庫3278）です。後書きには、

「役行者の事績は、我国の伝説中の最も神秘的な、又最も雄大なものの随一《ずいいっ》であるのに、何故か、劇にも小説にもあまり取り入れられておらぬ……」

とあります。

神でさえ嫉妬《しっと》を覚えるほどの役行者のスーパースターぶりに、今も多くのファンがいます。前鬼・後鬼を従えた役行者像は、背筋を伸

金剛蔵王権現像
（法楽寺蔵／大阪府指定文化財）

一言主神社
（奈良県御所市）

ばし、正面を見つめています。その静かな面立ちの中に強い意志を秘め、手に錫杖《しゃくじょう》、独鈷《とっこ》を持つ賢者の姿です。鍛《きた》え抜かれた身と心に、現代人もあこがれを感じずにはいられません。

●役行者から行基菩薩《ぎょうきぼさつ》へ

役行者が修行した葛城の山々、同じ時、そこにもう一人のスーパースター・行基（六八二〜七〇二）がいました。そして、二人（役行者・行基）の山林抖藪《さんりんとそう》の行は、東大寺大仏造立《ぞうりゅう》という事業に結びついています。

聖武《しょうむ》天皇が国の平安を願い、大仏造立を発心《ほっしん》。八幡《はちまん》さま（宇佐《うさ》神宮／大分県）が「われ天神地祇《てんじんちぎ》を率い、必ず成し奉る」という託宣《たくせん》を下し、東大寺開山《かいざん》・良弁僧正《ろうべんそうじょう》（六八九〜七七三）は大仏鋳造《ちゅうぞう》に必要な黄金を求め、役行者が感得・示現した金峯山の金剛蔵王権現に祈りました。すると、「近江国《おうみのくに》（滋賀県）志賀郡岩上《しがのごおりいわかみ》に如意輪《にょいりん》観音を奉り祈れ」と夢告。これに従って、陸奥国《むつのくに》（宮城県や岩手県など東北地方）から黄金が出て献上され、大仏造立資金となりました。

そして行基は、人々の力を結集（勧進《かんじん》）して大仏造立の推進していったのです。

五の語り

弘《こう》法《ぼう》大《だい》師《し》と丹《に》生《う》明《みょう》神《じん》・狩《かり》場《ば》明《みょう》神《じん》

○弘法大師の聖地・高野山《こうやさん》

高野山は吉野の山々に源を発する紀ノ川の南岸、海抜《かいばつ》千メートル前後の山に囲まれた盆地です。そこは弘法大師空海《こうぼうだいしくうかい》が入定《にゅうじょう》されたところ、真言密教の修行道場、そしてうっそうと生《お》い茂る千年杉の林の中に歴史に登場した多くの人々の霊が眠る山の中の宗教都市です。

高野山に登る道は「高野七口《ななくち》」といわれ、鉄道や車の道がつくまでは厳しい登山道でした。その中にあって比較的登りやすかったのが九度《くど》山《やま》の慈尊院《じそんいん》から笠木峠《かさぎとうげ》を経て高野山の大門に至る二十キロメートルの参道です。

この参道には、一町（百八メートル）ごとに木

高野の町石

弘法大師空海

製の卒塔婆《そとば》が道に迷わないように建てられました。鎌倉時代になると、遍照光院《へんじょうこういん》の覚斅《かくきょう》僧正《そうじょう》の発願《ほつがん》で高さ三メートルの角柱に梵字、町数、施主《せしゅ》名が彫られた石柱に建て替えられ「町石道《ちょういしみち》」と呼ばれるようになりました。

今この町石道を登り、五十町程登り横道に入るとぱっと開けた盆地にでます。そこに幽寂《ゆうじゃく》なたたずまいの天野大社《あまのたいしゃ》（丹生都比売《にうつひめ》神社）が朱色の美しい姿をみせています。

丹生明神と狩場明神

はじめに弘法大師と丹生都比売大神（丹生明《にうみょう》神《じん》）、高野御子大神《たかのみこおおかみ》（高野《こうや》明神、狩場《かりば》明神ともよばれる）についてお話します。

『性霊集《しょうりょうしゅう》』（弘法大師著述書）に、

「空海、少年の日、好むで山水を渉覧《しょうらん》せしに、吉野より南に行くこと一日にして更に西に向かって去ること両日程《りょうじつほど》、平原の幽地《ゆうち》あり。名づけて高野という。計《はかりみ》るに、紀伊国《きいのくに》（和歌山県）伊都郡《いとのごおり》の南に当る。四面高嶺《しめんこうれい》にして人蹤蹊絶《じんしょうみちた》えたり……」

とあります。

大師は延暦《えんりゃく》二十三年（八〇四）の入唐《にっとう》以前

（少年の頃）、吉野・大峯《おおみね》の山々を歩かれ、その頃に「高野」を見い出されたと記されています。唐より帰国した大師は、京都の高雄《たかお》・神護《じんご》寺《じ》を中心に密教を広められる活動をされますが、高雄山は規模が小さく、また都にも近いため人の出入りが多いので、修行者にとっては集中力の妨げとなります。『大日経《だいにちきょう》』には「禅《ぜん》定《じょう》の地は深山幽谷《しんざんゆうこく》の平地に道場を建立《こんりゅう》するのが最も相応《ふさわ》しい」と説かれています。

弘法大師狩場明神像

（転法輪寺蔵）

弘法大師と狩場明神の出会いの地は奈良県五條市犬飼町で、その地名は狩場明神に由来する。同地には犬飼山転法輪寺というお寺もある。なおこの画で狩場明神は白犬と黒犬の二匹を率いているが、『今昔物語』には黒犬二匹とある。

そこで大師は、弘仁七年（八一六）六月十九日、国を護り人々の平安な生活を祈る道場として、また修行者の修禅の場所として紀伊国伊都郡高野の土地を賜《たまわ》りたい趣旨を上奏《じょうそう》しました。すると、七月八日には嵯峨《さが》天皇より高野山下賜《かし》の勅許《ちょっきょ》が下りました。

大師は喜び、早速高野の山へ登るルートを探します。

『今昔《こんじゃく》物語』巻十一には「弘法大師、初めて高野の山を建てたる語 第二十五」の話があります。

――今は昔、弘法大師は真言の教えを各地に広められました。けれどもだんだん年を重ねてきたため、お弟子たちに今までに建てた寺々を任せ、自分が唐土《とうど》（中国）から日本に投げた三鈷《さんこ》（密教の法具）がどこに落ちたのかを探ろうと、弘仁《こうにん》七年（八一六）六月、京の都を出発しました。

そして大和国《やまとのくに》（今の奈良県）宇智郡《うちのごおり》まで来た時にひとりの猟師に出会いました。その猟師は顔が赤く、身の丈《たけ》は八尺（約二・四メートル）、青色の小袖《こそで》を着て筋骨《きんこつ》たくましい男でした。そして弓矢を携え、大小二匹の黒犬を連れていました。

猟師は大師を見て近づき「どこに行かれるのですか」と問いました。大師は「私が唐土にいたとき、三鈷に祈りをこめ、修行するのに相応しい洞窟に落ちよと空中に投げた。今三鈷の落ちた場所を探しているのです」と答えました。猟師は「私は高野山の犬飼いです。その場所を知っています。案内しましょう」と言って、連れていた二匹の犬を放って走らせました。犬の姿はやがて見えなくなりました。

大師はそこからさらに進み、紀伊国（和歌山県）の境にある大きな河のほとりで泊りました。また、一人の山人《さんじん》（きこり）に出会いました。大師が三鈷の落ちた場所を尋ねると、山人は「ここから登ると南にある平原《ひらはら》の沢に出ます。そこがお尋ねの場所です」。

翌朝、大師は山人と一緒に出かけました。百町（約十一キロメートル）程登り進むと、そこはまるで鉢《はち》を伏せたような地形で周囲には八つの峰がそびえています。今までに見たことのない大きな檜《ひのき》が竹林のように並び立っています。その中の一本の檜は二股《ふたまた》になり、そこに三鈷がか

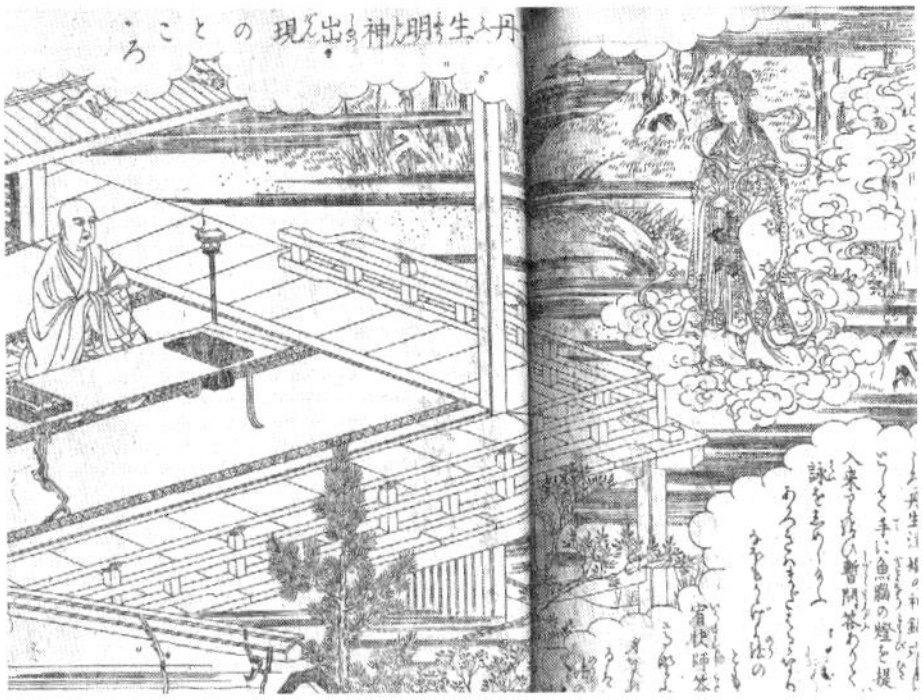

丹生明神出現の図
（『高野名所巡覧記』より）

かっているのでした。大師はそれを見ると深く感動され、ここが修行の聖地だと悟られたのです。

そして、「あなたはどなたですか」と山人に問うと、山人は、

「私はこの山の持ち主で丹生明神と申します。今この領地を差し上げましょう。そしてあなたを守ります」

と言いました。続けて、昨日会った犬飼いは高野（狩場）明神なのですよと告げ終えると姿が消えてしまいました。

四所《ししょ》明神

天野社の西、八百メートルのところには高野山の守護神である高野明神と丹生明神を遥拝《ようはい》するため建てられた二つの鳥居があります。明神さまが見守っていらっしゃるのだと人々は語り伝えています。

大師は、犬飼いの狩師（狩場明神、高野明神とも）の導きによって高野山に登り、丹生明神と出会い、神領《しんりょう》であった高野山を授かりました。

大師は「われ明神の衛護（見守り）に依りて此《こ》の山を興隆す」と、弘仁十年（八一九）伽藍《がらん》造営に先立ち丹生都比売大神（丹生明神）、高野御子大神（狩場明神）をお迎えして高野山の地

を鎮《しず》める守り神としました。大塔の横、山王院《さんのういん》（拝殿）の奥に明神さまの朱塗りの社堂が二つ並んで祀られています。

やがて鎌倉時代になると、二つの明神が加わり「四所明神」または「四社明神《ししゃ》」として天野社の社殿が整えられ高野山を始め、真言系の寺院で祀られました。

それには次のようなお話があります。高野山に行勝上人《ぎょうしょうしょうにん》（一一三〇～一二一七）というお方がおられました。吉野・大峯・高野の山々を巡り修行（山岳修行）を専《もっぱ》らとして、高野穀断聖《こくだちしょう》人《にん》、効験殊勝《こうけんしゅしょう》の上人さまと人々から慕われていました。

ある日、行勝上人が独り静かに読経を修していると、童顔の男女が部屋にすっと入ってきて横に坐りました。そして、「越前笥飯《えちぜんけひ》（気比《けひ》）大神と安芸《あき》厳島《いつくしま》大明神はいにしえ（往昔）からの共に学び共に遊んだ朋友《ほうゆう》なのです。けれど今は

四所明神像

右上・丹生明神―天冠をかぶり手に団扇。
左上・高野明神―黒色の袍を着し笏を持つ。
右下・気比明神―天冠をかぶり衣の中で払子を持つ。
左下・厳島明神―髪を結い琵琶を持つ童女の姿。
一番下に白犬・黒犬の二匹がいるが、古い絵図ではこの二匹も神さまと同じ座にいる。

鎮座する場所が離れ離れになっています。そのことでお二人はとても淋しい思いをなさっておられるのです。昔のように同じ所に住んで善き友として密教を守護し、異国の国が日本を攻めてきた時には左右を扶翼《ふよく》する武将となって活躍をしたいと誓っておられます。ですから上人さま、丹生祝《はふり》（天野社の神職）にお話しいただき天野花園の社に共に招き、四所明神として崇《あが》め祀《まつ》るべきです」と話し終えると、またすっと帰っていきました。

上人は、「不可思議なことだが、もっともだ」と、早速天野社に赴《おもむ》き丹生祝を訪ね、この話をすると「私も同じ話の夢を見たところです」と言われます。そこで祝と上人は新たに天野社に気比、厳島両明神を勧請《かんじょう》（お迎え）して社を建立、四所明神として社殿が並び祀られるようになりました。

神仏融合文化の大切さ

文永十一年（一二七四）元《げん》の軍が襲来、時の鎌倉幕府は敵国退散の祈念をするよう天野社に祈祷僧《きとうそう》を派遣、その祈祷のさなか、天野社では一対の鴉《からす》を残し大鴉が一斉に飛び立っていきました。

時を同じくして元の船は大風によって波間にのまれ、兵士たちは命からがら退散しました。文永《ぶんえい》の役《えき》（元寇《げんこう》）です。国が窮地《きゅうち》に陥《おちい》った時に神風が起こって助けてくださるという信仰は、天野社からはじまりました（社殿には鴉の絵が描かれています）。

こうして天野社と高野山は深い関係が続いてきました。高野山内別格本山の住職は、就

天野大社（丹生都比売神社）本殿

任する際に自坊《じぼう》（住している寺院）において一年間、丹生・高野明神をお祀りして御供養につとめます。その間は山内より外に出られません。そして結願《けちがん》は山王院で竪者《りっしゃ》（質問者）と精義者《せいぎしゃ》（答える者）に分かれ竪精《りっせい》（問答）が行われ、それを経て住職就任が決まります。

また、高野で修行した僧は行が満ちると「お札《ふだ》（加行《けぎょう》札）」を明神さまに納め、社殿で報告法要を行います。

修行した僧たちが納めた「加行札」
（天野大社本殿前）

このように神さまと仏さまを一緒に拝む融合文化、そこから生まれた景観が高野地域のユネスコ世界遺産に登録された大きな理由でもあります。

平成二十七年、高野山開創千二百年を迎えます。大師の道場に坐してこれからも続く神と仏の声に耳を傾け、手を合わせ、人と人との融合、国と国との和合の大切さを祈りたいです。

六の語り

歌《か》僧《そう》・西《さい》行《ぎょう》

西行という人

平安時代末から鎌倉時代の初頭は、武家が政治をになう社会に移りゆく激動の時代でした。

その中心に身を置き、「平家《へいけ》にあらずは人にあらず」と平家一門の全盛を築いた平　清盛《たいらのきよもり》。

一方、「美しく咲く花も、やがては散りゆくのだ」と言い、生滅《しょうめつ》を繰り返す現象世界（有為《うい》）を乗り越えようと世事《せじ》を離れ、深い孤独の中に身を置き、自己を見つめ、歌を詠《よ》むことで不滅の生命を遺《のこ》した西行。

この二人は、同じ元永元年（一一一八）に生まれ、共に鳥羽院《とばいん》に仕《つか》える北面の武士（院の警護）として青年期を過ごしました。しかし、二人の生涯（人生を処《しょ》する態度）は両極性を持っていました。

さて、西行の本名は佐藤義清《のりきよ》。現在の和歌山県那賀郡打田《ながぐんうちだ》、粉河寺《こかわでら》の近くで生まれました。

西行像（伝・文覚上人作、弘川寺蔵）

父は左衛門尉《さえもんのじょう》・佐藤康清《やすきよ》（奥州・藤原氏と縁続き）、母は監物《けんもつ》・源清経《みなもとのきよつね》の娘。

義清は類まれな弓矢の名手であり、並びなき詩才に恵まれ、鳥羽院の寵愛《ちょうあい》を受け仕えていました。

保延《ほうえん》六年（一一四〇）十月十五日、二十三才で突如として出家の大決意をします。

鳥羽院に出家のいとま申すとてよめる（詞《ことば》書《がき》……詠む歌の趣旨）

惜しむとて惜しまれぬべき此《こ》の世かは
身を捨ててこそ身をも助けめ

西行庵
（吉野の山奥にひっそりと建っている）

出家という自由な世界に身を捨てることが我が身を助けることになるという、悩み悩んだ姿が垣間《かいま》見えます。

出家数年は鞍《くら》

馬《ま》・東山《ひがしやま》・嵯峨野《さがの》と移り住みます。

山里は庭の梢《こずえ》の音までも
世をすさみたる景色かな

そして二十七才の時、伊勢大神宮《いせだいじんぐう》を参詣《さんけい》して陸奥《むつ》・出羽《でわ》へと漂白《ひょうはく》の旅に出ます。

桜を愛した西行

久安《きゅうあん》五年（一一四九）、三十二才。高野山に草庵《そうあん》を結びました。

おしなべて同じ月日の過ぎ行けば
都もかくやとしのくれぬる

私の住んでいる高野と同じように、都の年は暮れてしまうのだろうか――。

この庵《いおり》を中心に、吉野《よしの》の山奥にも庵を築いています。

花をみし昔の心あらためて
吉野の里に結ぶとぞ思う

そして、大峰《おおみね》・熊野、四国讃岐《さぬき》の崇徳院陵《すとくいんりょう》を参拝し、さらに弘法大師空海《こうぼうだいしくうかい》の霊蹟《れいせき》を巡りました。

治承《じしょう》四年（一一八〇）、六十三才。長年行動の基点としていた高野を離れ、伊勢二見ヶ浦《ふたみがうら》に草庵を移した西行は、伊勢神宮の神官と深く交わり歌を詠み合います。

月読《つくよみ》の社に参りて月を見てよめる（詞書）

さやかなる鷲《わし》の高根の雲居《くもい》より
影やはらぐる月よみの森

月を見て神（天照大神《あまてらすおおみかみ》）が人々の上に恵《めぐみ》を垂れる。仏の聖地霊鷲山《りょうじゅせん》からなげかけられる月の和《なご》やかな光を、月読の宮の神として詠っています。

文治《ぶんち》二年（一一八六）、六十九才の時、東大寺再建勧進《かんじん》のため、奥州《おうしゅう》に赴《おもむ》きます。帰郷してから嵯峨野に草庵を構えますが、出家以来五十年が過ぎ、体力の衰えを感じるようになります。

そして文治五年（一一八九）、七十二才。弘川《ひろかわ》寺《でら》に庵を結び、翌年、文治六年二月十六日七十三才にて生涯を終えたのです。

仏には桜の花を奉《たてまつ》れ
我が後《のち》の世を人とぶらはば

葛城山《かつらぎさん》西山麓河内《かわち》にある弘川寺が西行終焉《しゅうえん》の地となりました。

生涯桜を愛し、桜の歌をたくさん詠み続けた西行。お墓も桜の木々の中にあり、そこに建つ歌碑《かひ》は西行の姿を象徴的に示しています。

願わくば花の下にて春死なん
そのきさらぎのもち月の頃

西行の墓と無常観《むじょうかん》

西行の墳墓《ふんぼ》がどこにあるのか。実は江戸時代の中頃まで判りませんでした。

西行を慕《した》う歌僧・似雲法師《じうんほうし》（一六七三〜一七五

三）は滋賀石山寺《いしやまでら》に自分が念じている阿弥陀如来の絵像を携《たずさ》え、観音堂に籠《こも》り、ひたすら「何《なに》卒《とぞ》西行法師埋葬の地、吾《われ》に知らしめよ」と念じました。

すると、「西行の墓は弘川寺にあり」とお告《つ》げ（託宣《たくせん》）が下ったのです。似雲法師は享保《きょうほう》十七年（一七三二）二月十六日、西行の命日に弘川寺山中に西行法師墳墓を発見しました。

今、弘川寺には、似雲法師が西行を慕い身のまわりに置いた西行の資料の数々とその伝統を受け継ぎ、歴代の住職が補充《ほじゅう》し続けた西行関係の資料が「西行記念館」に展示されています。それは時代を超えて多くの人々が西行法師を慕いつづけていることの集大成です。

西行の墳墓
（弘川寺境内）

西行の墳墓を発見した似雲法師の像
（弘川寺蔵）

悩み悩んで出家し、それでもなお悩みと迷いの世界を歩み続けた西行は、その歩みの中で、積極的に美のあり方を見つめました。特に「桜」です。短い時間の中にその美しさは失われていきます。目の前ではかなく散り、消えてゆく姿、この世に生をうけたものはとどまることはない無常の世界の象徴です。

西行は失いゆくことの中にすべての安心感があることを歌で示しました。そしてその中に西行は今も生き続け語り続けているのです。

神仏と和歌

西行はなぜ伊勢神宮に歌を納めたのか。

出家者にとって、言葉を飾りたて、言葉をもてあそぶことは仏の語る真実の語に反する。詩文・小説・歌は狂言綺語《きょうげんきご》の極みである——と戒《いまし》められています。

しかし、最澄《さいちょう》・空海・法然《ほうねん》・一遍《いっぺん》・明恵《みょうえ》……多くの僧が後世に残る歌をたくさん詠んでいます。

平安末の今様《いまよう》歌謡『梁塵秘抄《りょうじんひしょう》』には、次のような歌があります。

狂言綺語の誤ちは
仏の讃《ほ》むる種として
あらき言葉も如何《いか》なるも
第一義《だいいちぎ》とかに帰るなる

嘘偽り、淫らな戯《たわむ》れを飾った詞《ことば》で表す世俗の詩歌文章の罪作りの所行《しょぎょう》も、やがて仏徳をたたえ仏の教えを仰《あお》ぐ機縁となしえるものであって、あらく悪しき詞でも柔和《にゅうわ》で穏やかな言葉でも、結局はすべて至極《しごく》の真理にかなうものとなるという。

『明恵上人伝』に西行法師が栂尾《とがのお》の高山寺《こうざんじ》に来たとき、「私が歌を詠むのは、陀羅尼《だらに》を唱えるのと同じ。一句一尊、仏を刻む」と述べたと記されています。

弘川寺の西行堂
（以雲法師によって建立された）

和歌山県かつらぎ町の西行堂

また、高僧が和歌を神社に奉納《ほうのう》する、次のようなお話も伝えられています。

平安時代中期の歌人に能因《のういん》法師という人がいました。夏の最中、伊予《いよ》の国（愛媛県）を行脚《あんぎゃ》していました。梅雨明け以来日照りが続き、田圃《たんぼ》は干上《ひあ》がり、人々は嘆き窮《きゅう》していました。

能因法師と同行して

いる伊予の守《かみ》・実綱《さねつな》が「大三島《おおみしま》の神に雨乞《あまご》いをしましょう。歌を詠んで奉納してはどうでしょう」とすすめられ、能因法師は、次のような歌を詠みました。

天川《あまのがわ》苗代水《なわしろ》にせきくだせ
　あまくだります神ならば神

この歌を御幣《ごへい》に書き付け、宮司《ぐうじ》に読み上げてもらうと長く続いていた炎天空《えんてんぞら》がにわかに曇り、やがて雨となり、枯れかかっていた稲が蘇生した。人々は歌には神の心を動かし、自然界に働きかける徳があると喜びあいました。

そしてよき歌は神をも喜ばし、そこに込められた人の願いに対しても感応《かんのう》してくださると語り伝えました。

西行が伊勢神宮に詣でる姿勢は「和光同塵《わこうどうじん》」の心でした。しかし伊勢神宮には、神仏隔離《かくり》の考えがあり、特に内宮《ないくう》へは僧形《そうぎょう》の参詣を忌避《きひ》し、僧尼拝所《そうにはいしょ》が別に設定されていました（内宮の風日祈宮橋《かざひのみのみやばし》の左岸）。

伊勢にまかりたりけるに　大神宮にまゐりてよみける（詞書）
さかきばに心をかけむゆふしでて
　思えば神も仏なりけり

神も仏なのだから、こうして参拝することに何のこだわりがあろうか。

何事のおはしますをばしらねども

かたじけなさになみだこぼるる
（※西行作でないという説もある）

純真な心が神を拝する心なのだと、神宮に謙虚な信仰を寄せています。

日本文化に大きな影響を与えた西行

西行は二度目の奥州から帰ると自身が詠んだ歌を二首ずつ組み合わせて三十六番の歌合《うたあわせ》形式にまとめ、当時第一級の歌人・俊成《としなり》、定家《さだいえ》の親子に歌の優劣の判定（判詞《はんじ》）を依頼、『御裳《みも》濯河《すそがわ》歌合《うたあわせ》』と『宮河《みやがわ》歌合』として、伊勢神宮の内宮と外宮《げくう》に奉納しました。

それは歌と判詞が一つの世界をつくる新しい試みでもあり、神と和歌の繋がりが強まり、神に和歌を奉納することが広まるきっかけにもなりました。

その結果、本地垂迹《ほんじすいじゃく》の根底である神仏調和が自然な形で進み、密教の教えを示した胎蔵《たいぞう》・金剛界《こんごうかい》の曼荼羅《まんだら》思想が、伊勢神宮の内宮である天照皇大神を胎蔵、外宮の豊受《とようけ》皇大神を金剛界として形を変え、両部神道《りょうぶしんとう》の思想が生まれてきました。

そしてこのことが神に菩薩・権現《ごんげん》の名称をつける広がりとなったのです。

七の語り

奈良の春日《かすが》大社《たいしゃ》と興福寺《こうふくじ》

●春日の鹿

落語に「春日《かすが》の鹿」というお話があります。

「江戸時代、奈良の人は皆、早起きでした」

なぜかと言えば、春日明神《みょうじん》のお使いの鹿が町の中を悠然《ゆうぜん》と歩きまわっている。その数は数百頭、殺したりすれば罰があたるだけでなく、鹿役人に捕まり裁きを受けなければならないのです。寿命が尽きて家の前で死んでいたとしても、どんな疑いをかけられるかわからない。もしも鹿が家の前で死んでいたら、隣の家の門口にそっと屍骸《しがい》を移してしまおう。隣の家では起きてみると鹿が死んでいる。慌《あわ》ててそのまた隣の家へ……というわけで、隣の家より少しでも早く起きて家のまわりを見まわる。

それで奈良の人々は皆、早起きだというのです。

神々と動物

さて、春日明神の略記（『為相《ためすけ》古今集《こきんしゅう》』）に、
「神護景雲《じんごけいうん》二年（七六八）、中臣鎌足《なかとみのかまたり》（藤原鎌足）の氏神《うじがみ》である鹿島《かしま》明神が、氏子《うじこ》を守るために白鹿に乗り、左の手には榊《さかき》の枝を持ち、右の手には鹿島の三笠《みかさ》山《やま》（または御笠山）という山を引き破って持ち大和国《やまとのくに》春日郡《かすがのごおり》に跡《しゃく》を垂《た》れた。それが今の春日大明神であり、三笠山は、その時破って持ってきた常陸国《ひたちのくに》の三笠山の破れである。乗ってきた白鹿は明神の使者となった……」

奈良・春日大社の鹿

とありますが、神さまのお姿や形についてはふれられておりません。昔から神というのは姿・形で表わせないほど深遠で尊いものとされてきました。ですから、神さまは感じる存在、象徴的に示しています。

「鹿」は使者、「榊」は依代《よりしろ》、「三笠山」は住む所です。

神の使者である動物は、神を迎え、神を先導する役目を持っています。その動物のいるところに神さまがおられると人々は考えてきました。例えば、各地の「社」にはゆかりの使者（動物）たちがいます。八幡宮《はちまんぐう》の鳩、熊野《くまの》大社の八咫烏《やたがらす》（カラス）、日吉《ひよし》社の猿、諏訪《すわ》大社の蛇、

大黒天《だいこくてん》のネズミ、毘沙門《びしゃもん》天の百足《むかで》、稲荷《いなり》社の狐、松尾《まつお》社の亀……などです。

私たち（人間）にも動物が寄り添っています。十二支です。十二支は時刻や方位を示しますが、その生まれ年の性格をも表わすとされてきました。人は命を授かった時から薬師如来《やくしにょらい》がお守りくださるのですが、その薬師如来の眷属《けんぞく》として十二神将がいて、十二匹の動物たちを使者としています。これにより人々に「干支《えと》」が定まっているわけです。

春日鹿曼荼羅

神鹿が雲に乗り飛来したことを示している。鹿の背に榊を立て、金色の円相は仏の光背と同じ。上方には三笠山から月が昇る様子を示す。

そして、たとえば子《ね》年生まれは仲間づくりが上手で柔和《にゅうわ》、丑《うし》年は忍耐強い努力家、寅《とら》年は正義感が強く、卯《う》年は繊細で注意深い、辰《たつ》年は大胆、巳《み》年は思慮深く、午《うま》年は智・仁・勇を備え、未《ひつじ》年はやさしく品格があり、申《さる》年は機敏で知恵者、酉《とり》年は器用で慎み深く、戌《いぬ》年は辛抱強く義理堅い、亥《い》年はまじめでつき進む――といった動物の性質を人間に当てはめ、持って生まれた性格を表わすというのもちょっと愉快《ゆかい》であり、そのような気になるのも神仏の計《はか》らいです。

このように神仏の領域では、動物が人間を超える力を持った神仏のような存在として親しまれ、大切にされています。

奈良の鹿たちは、人も車も恐れず悠然と町の中を歩いています。それは身勝手な人間社会にあって野生の鹿と共存している、心やすまる共《とも》生《いき》の風景でもあります。

藤原氏と興福寺、そして能《のう》「海人《あま》」

奈良は七代の天皇、元明《げんめい》・元正《げんしょう》・聖武《しょうむ》・孝《こう》謙《けん》・淳仁《じゅんにん》・称徳《しょうとく》・光仁《こうにん》（孝謙と称徳は同一人物）の下、七十四年間、日本の帝都として華やかに栄えました。

奈良《なら》七重《ななえ》　七堂伽藍《しちどうがらん》　八重桜《やえざくら》　芭蕉《ばしょう》

七代天皇家を支えたのは藤原鎌足をはじめとするその一族でした。藤原鎌足は蘇我《そが》を打ち、大化の改新を成し遂げ、次男の不比等《ふひと》は律《りつ》令《りょう》の制定に手腕を振るいました。長男は飛鳥《あすか》寺《でら》の僧道昭《どうしょう》とともに遣唐使に従って入唐《にっとう》し、玄奘三蔵《げんじょうさんぞう》より法相宗《ほっそうしゅう》を授かり日本へ伝えています。不比等の娘宮子《みやこ》は文武《もんむ》天皇の夫人で聖武天皇を産み、もう一人の娘阿宿媛《あすかべひめ》は後の光明《こうみょう》皇后《こうごう》です。

さて、藤原鎌足が建立《こんりゅう》した興福寺、その本尊「釈迦如来坐像」に関わる話が、能の演目「海人《あま》」や幸若舞《こうわかまい》「入鹿《いるか》」「大織冠《だいしょくかん》」に仕立て上げられました。

鎌足の次女・紅白女《こうはくにょ》はその美しさから中国の太宗《たいそう》皇帝の后《きさき》として迎え入れられました。父・鎌足が釈迦如来像を建立する話を聞くと、お舎《しゃ》利《り》を納めた水晶玉を仏像の白毫《びゃくごう》（この場合、眉間にはめる玉）にしてほしいと万戸将軍運宗《うんそう》という剛勇の武将に託し、三百人の兵をつけ、明《めい》州《しゅう》の港を出港させました。これを聞いた大海の龍王たちは、宝珠を奪い我らの往生の道を開こうと何度も船に襲いかかりますが、仏の力に恐れをなし敗退しました。

やはり人間を蕩《うご》かすには美女しかおらぬと龍王の末の姫に言い含め、うつぼ船（虚《うろ》になった木）に入れ波の上に押し上げました。

将軍の船が、讃岐《さぬき》の房前《ふささき》沖へとさしかかるところに一本の流木が波間に浮かんでいます。船に引き上げ割ってみると、美女が一人中にすわっているではありませんか。「さて、そちは災いをもたらす魔性のものであろう」「私は契《きっ》丹国《たんこく》の大王の娘です。ある后の讒言《ざんげん》によって海に流されました」。涙にぬれた美しい様子にさすがの将軍もあざむかれ、女を救い船にとどめ置きました。

龍王たちは喜び風むきを変え、船は十日も逗《とう》留《りゅう》します。その間、将軍は美しい女性の虜《とりこ》となり、妻になってほしいと懇請《こんせい》します。「妻となるからには私にも尊い宝珠を拝ませてください」将軍は宝珠を取り出し姫に見せました。すると姫は宝珠をつかむや否《いな》や海に飛び込みました。「さてはあやつは龍王どもの回し者か」。歯ぎしりをして悔しがりますがあとの祭り。大織冠の鎌足はこの報告を聞き、「何と無念なことよ、三国一の重宝が龍の宝となるとは……」。

鎌足はひそかに房前の浦へ行きました。そこには大勢の海女がいて、その中に若くて美しい泳ぎのうまい海女がおりました。鎌足はこの海女と心を通わせ、子も授かります。三年の月日が過ぎ、鎌足は身分をあかし自分の念願を海女に語りました。「どうか宝珠を取り戻してほしい……」。海女は命がけになることを知りながら「宝珠のありかを探ってまいります」と言って小舟で沖に漕《こ》ぎ出し波間へざぶりと飛び込みました。

七日経ってようやく浮かび上がってきた海女はしばらくものが言えないくらい疲労困憊《こんぱい》していました。「龍宮には龍王がおり、番人をおいて宝珠を奉《たてまつ》っております。この宝珠を奪うのは至難のわざです」。鎌足はしばらく考えていましたが「海面に幡《はた》を流し立て飾りたてた舟を並べ、管弦の調べと稚児《ちご》をそろえ音楽を奏すれば龍王たちも出てくるであろう。その留守に宝珠を盗みとろう」。海女は「私は命にかえて宝珠を取り戻してごらんにいれます。私に万一のことがあれば子供をよろしくお願いします。そして都に上《のぼ》らせてください」。鎌足は子供に藤原家の後を継がせると約束します。

そして急いで都に使いを出して舞いの名人、歌の童、管弦の楽人を集めました。やがて房前の浦で法座も開かれ、尊い僧侶の読経も始まりました。そのお経を聞こうと龍王たちが集まってくると稚児はここぞとばかりに美しく舞い、その間、龍王たちは我を忘れ見とれていました。

海女は刀を小脇に挟んで波間へとおどりこみました。迷わず龍宮に着いた海女は、宝殿の中から宝珠を持ち出し命綱を引きました。船中では「それ合図」と綱を引きます。あと少しで船に上るという時、海女に大蛇が襲いかかり、鎌足はこれを見ると「狐の鎌」をかざし海に飛びこもうとします。人々は必死に押しとどめます。あと一息、大蛇は海女の両足を食いちぎりました。人々はなおも命綱を引き海女をたぐり揚《あ》げました。鎌足は泣く泣く海女を抱きしめました。胸に傷があります。大蛇から受けた傷ではない、傷の中には宝珠が見えます。刀を振るい大蛇と戦い、宝珠を我が身に隠したのか……鎌足は空を仰ぎ、幼子は母の乳をふくむ、人々は皆涙を流しました。

海女が命をかけて守った宝珠は興福寺の本尊・お釈迦さまの白毫として納まり、人々の篤い祈りに応《こた》え、光を発している……と舞い終わります。

奈良・興福寺　南円堂

南円堂に掲げられた御詠歌

春の日は南円堂にかがやきて

興福寺は藤原一族の菩提寺、春日明神は藤原一族の氏神、お寺と神社、今から百四十二年前までは深いつながりが続きました。

興福寺の南円堂《なんえんどう》（西国三十三所第九番霊場）に掲《かか》げられる御詠歌《ごえいか》（慈雲尊者《じうんそんじゃ》筆）は、神と仏のつながりを美しく歌っています。

春の日は南円堂にかがやきて
三笠の山に晴るるうす雲

春の日の光のごとく万物を照らし育む春日の明神さま、今藤原の繁栄念ずる南円堂にさんさんと光をそそぎ力を添えておられます。また、神々が集う若草匂う三笠の山に棚引《たなび》いていた白いうす雲は次第に晴れてゆきます。それは藤原一族の前途洋々とした繁栄を示しています。

この春の光を受ける時期、修二会《しゅにえ》（天下泰平を祈る）が興福寺で行われます。修二会の満願《まんがん》の日、人々は喜び踊りました。それが芸能化され、観阿弥《かんあみ》、世阿弥《ぜあみ》によって「猿楽能《さるがくのう》」となり、今に伝わっています。

八の語り

道成寺《どうじょうじ》・安珍《あんちん》と清姫《きよひめ》

和歌山県日高郡《ひだかぐん》に「安珍・清姫」で有名な道成寺があります。熊野《くまの》街道《かいどう》から少し入った高台にあり、熊野詣《もうで》、西国《さいごく》巡礼の人々が立ち寄る名所です。「神と仏の物語」もちょっと寄り道をして、安珍・清姫の物語をお書きします。

この話は、女性の情念、恋の悲哀、法華経女人成仏《にょにんじょうぶつ》の話として、能《のう》・歌舞伎《かぶき》・文楽《ぶんらく》・長《なが》唄《うた》・浄瑠璃《じょうるり》・映画・絵画と様々な姿で表現されてきました。

ここに江戸時代末、嘉永《かえい》年間に描かれた『道成寺絵巻』があります。絵巻は二巻、長さは二〇メートルを超える大作です。絵巻の詞書《ことばがき》をたどりながら、物語を味わってみたいと思います。

○安珍と清姫の出会い

醍醐《だいご》天皇の延長《えんちょう》六年（九二八）、熊野に詣でる二人の僧がいました。一人は老僧で一人は姿形の美しい若い僧です。牟婁《むろ》の里（中辺路《なかへじ》の手前）まで来て、庄司清次《しょうじのきよつぐ》という者の家に宿を乞いました。清次には清姫という一人の娘がいました。清姫は若い僧、安珍を見て心さわぐものがあり、心を尽くしてもてなしました（写真①）。

その夜、清姫は寝ている安珍の元に行き、「私の家にお人をお泊めするのはこれが初めてです。これは一樹の蔭、一河の流れ、これらは皆、前世の深い契《ちぎ》りと聞いております。お目にかかるのもよくよくの縁です。まして、お泊りになるのはよほど深い縁なのでしょう。私を妻にしてください」と言い寄って添い寝をします。

《写真①》 安珍と清姫

安珍はどぎまぎして慌てて床の上に起き上がり「私は予《かね》てからの宿願《しゅくがん》があり、日頃から身も心も精進《しょうじん》を重ね、熊野権現《くまのごんげん》さまにお参りする目的でここまで参りました。それをここであなたと契れば宿願を破ることになります。あなたも神仏の罰がいかに恐ろしいかご存知でしょう」。清姫はつれない言葉を恨み、夜すがら安珍に抱きつき言い寄りました。

なんとしてでもこの状況を乗り切りたい安珍は、「私はあなたがおっしゃることを嫌だと言っているのではありません。熊野に参詣して御燈明《おとうみょう》や御幣《ごへい》を奉《たてまつ》り、二〜三日中に帰ってきます。その時、あなたのおっしゃることに従いましょう」となだめ、約束を交わしました。清姫はこの約束を楽しみに、自分の部屋にもどります。

夜が明け、清姫は別れを惜しんで「かならず待ち参らせ候《そうろう》」。安珍も「いかでか偽りごとを申し候べき……」と答えていますが、安珍にとって最も大切な仏の誓いを守るため、一時的に清姫の求愛を防いだつもりでした。一宿一飯の恩、清姫に対する慈悲の心なのか、きっぱりと断れない優柔不断の行為がこの物語の始まりとなりました。安珍は熊野へ向かいます。

逃げる安珍、追いかける清姫

清姫は別れがつらく、安珍を送り、余波《なごり》を惜しみます。それからの清姫は約束の日を数え、僧を恋い慕い、種々の物を調《ととの》えて帰りを待ちま

《写真②》 清姫に追われる安珍

した。ところが安珍は清姫を恐れ、別の道を通って帰路に着きます。

清姫は、もう戻って来るか、もう見えるかと落ち着きません。往来に出て、往《ゆ》き交《か》う人に尋ねます。その一人に熊野に詣でた僧を見つけ、「これこれの色の衣を着した若い人と老人の二人の僧は、もう帰途につかれたでしょうか」と尋ねました。すると僧は、「その二人の僧ならとっくに帰っていますよ」。

意外な返答に「あな口惜しや。さては我をすかしにけり」と女の身嗜《みだしな》みも忘れ、「たとえ雲の果て、霞《かすみ》の際《きわ》までも玉の緒《お》の絶えざらん限りは尋ねん……」と、履物《はきもの》も脱げ裸足となり追いかけます。道行く人々も身の毛もよだつ姿に恐れをなし、道をあけます。

清姫はついに上野の里で、先を行く安珍の姿をとらえました（写真②）。そして「やあ、やあ、あの御房《ごぼう》に申すべき事あり。いかにいかに停まれ停まれ」と呼びかけます。振り返った安珍はびっくりして、「人違いにて候」と言い逃れをします。

清姫の怒りはついに爆発し、「己《おのれ》はどこどこまでやるまじ者」と言葉も荒々しく、安珍はその剣幕の凄まじさに笈《おい》も数珠も打ち捨てて逃げますが、とうとう追い詰められ、その場にひれ伏《ふ》して熊野権現に祈ります。

「南無大悲権現《なむだいひごんげん》我を助け給《たま》え
南無金剛童子《こんごうどうじ》助け給え」

安珍は永年の修行で得た呪文を唱えました。その功力によって清姫も眼がくらみ、足がたたず、苦しそうにとどまります。

安珍はこの間に逃げ延びようと脱兎《だっと》のごとく駆《かけ》け出し、日高川の渡し舟に飛び乗り、船頭《せんどう》を急がせ漕《こ》ぎ渡ります。後から恐ろしい女が来るが決して乗せてくれるなとことんと頼み、道成寺に駆け込みました。

蛇身となった清姫、安珍、そして法華経の救い

愛しい安珍から憎い安珍へ、清姫は半狂乱となり、口からメラメラと火焔《かえん》を出し、上半身は蛇となり（写真③）、「前世にいかなる悪業《あくごう》ありて今このようなあさましい姿となり、安珍に迫まらなければならない因縁《いんねん》なりや……。南無大慈大悲《だいじだいひ》の観世音、この世も後の世も助け給え」と悲痛な祈りを心に描きつつ、日高川にさしかかりました。

船頭は船に乗せることを拒みます。ならばと

《写真③》蛇身と化す清姫

《写真④》　鐘中に隠れる安珍

清姫は着物を脱ぎ捨て、川の中にザンブと身をおどらせました。先に日高川を渡った安珍は道成寺の石段を駆け上り、本堂へ。驚く寺の僧たちに事の詳細を手短に話し、助けてくれと頼み込みました。僧たちは「本当だろうか」、「鬼になった女もいたぞ」。同情した僧たちは、この若い僧を修繕《しゅうぜん》中の鐘楼《しょうろう》の鐘の中に隠して（写真④）、寺の門を閉じ、老僧は僧たちに伴われて寺の奥に隠れたのです。

山門の下から恐ろしい音がウワッーと迫ってきます。そこにいた人々は恐怖の声をあげて逃げまどい、完全な蛇の姿となった清姫（絵巻では蛇と言っても龍の姿で描かれています）はお堂の周りをぐるぐる回って、そのうち尾で叩き破って中に入ってきました。そして鐘に巻きつき龍頭《りゅうず》（鐘を吊るす所）をくわえて尾で鐘をたたき、両眼から血の涙を流し、舌なめずりをし続けていました（写真⑤）が、力なく元来た方へゆっくりと去って行きました。鐘は蛇の毒熱の気に焼かれ、炎を吹き上げています。

《写真⑤》鐘に巻きつく蛇身の清姫

僧たちは水をかけ、鐘を冷やし、中の僧はと見れば墨の如く目も当てられない有様《ありさま》（写真⑥）。連れの老僧はあまりの変わりようを泣き悲しみました。僧たちは恐ろしいことだと、鐘と安珍を丁重に葬りました。

その騒ぎがおさまった数日後、知事《ちじ》（道成寺では知事は住職のこと）の夢に二匹の蛇がやってきて、「私は鐘の中にかくれた僧（安珍）でございます。今は蛇身《じゃしん》となり、妻（清姫）ともども苦を受けております。どうか私のために法華経を書写《しょしゃ》して供養をし、この

《写真⑥》　焼死した安珍

苦しみからお救いください」（写真⑦）。老知事は不憫《ふびん》に思い、一山の僧を集め法華経・全八巻を書写し、二匹の蛇の供養をいとなみました。

その後、老僧はまた夢をみました。一人の僧と一人の女性が現れ、ともに微笑をうかべ嬉しげな顔をして、老僧を礼拝。「あなたの清浄な供養のおかげで私ども二人は蛇身から解脱《げだつ》で

《写真⑦》　安珍と清姫の夢をみる老僧

き、忉利天《とうりてん》と兜卒天《とそってん》にともに昇ることができました」。目覚めた老僧は深く感動し、経典の威力の甚大《じんだい》さを貴《とうと》びました。

●女性の情念、恋の哀歓への共感

物語は、安珍と清姫の二人が法華経の力によって目出度《めでた》く成仏したことで終わっています。道成寺の物語が永年人気を保つのは、恋の病にとりつかれた清姫がその不可思議な情熱にふりまわされ、相手を独占したいがため、一瞬も安心できないという女性の情念、恋の哀歓に共感を覚えるからでしょう。また抑圧された女性の心に新鮮さを呼び起こし、現実生活の鬱屈《うっくつ》した心情を払拭《ふっしょく》させる大きな力が物語に秘められているからでしょう。

清姫は自分が蛇となり、滅びの道、地獄への道を走っていることをわかっているのですが止められない。走りながら、蛇と化しながら「観音さま、助けて」と悲痛な叫びをあげています。誰でもが持っている「愛欲」、「執着心」に惑わされる安珍・清姫の物語に、人間の哀れを感じました。

道成寺境内の「安珍塚」

九の語り

神さまになった人・菅《すが》原《わらの》道《みち》真《ざね》公《こう》

延暦《えんりゃく》二十三年（八〇四）、第十六次遣唐船《けんとうせん》の判官《ほうがん》（使者）は菅原清公《すがわらのきよきみ》でした。この四隻《せき》の船団には最澄《さいちょう》、空海《くうかい》、霊仙《りょうせん》、橘逸勢《たちばなのはやなり》ら当時を代表する知識層の人々が乗船していました。

菅原清公の出身である菅原氏は代々学問を家業とする家柄で、最澄と共に帰国した清公は、大学頭《だいがくのかみ》、文章博士《もんじょうはかせ》（史記《しき》、漢文学を教える）となり、公卿《くぎょう》の地位に昇りました。この清公に四人の子がいました。第三子の善主《よしぬし》、末っ子の是善《これよし》、第一・二子の記録が無いことをみると幼くして亡くなったようです。

承和《じょうわ》五年（八三九）、遣唐判官として善主は入唐《にっとう》。九歳違いの弟、是善は文学博士・東宮学《とうぐうがく》士《し》となり、小野篁《おののたかむら》・大江音人《おおえのおとんど》とともに「王朝漢文学」の隆盛を築きました。

この是善の子供がこの物語の主人公であり、誰もが知る〝天神《てんじん》さま〟、すなわち菅原道真公《すがわらのみちざねこう》（八四五～九〇三）です。

文武《ぶんぶ》に秀でた菅原道真公

さて、菅原道真公を祀《まつ》る京都・北野天満宮《きたのてんまんぐう》の「縁起絵巻《えんぎえまき》」は、道真誕生の説話から始まります。道真の幼名は阿古《あこ》、吉祥丸《きっしょうまる》です。

紅梅が咲き誇る菅原是善（菅相公《かんしょうこう》と人々から呼ばれていた）の庭で、一人の童子が遊んでいました。菅相公が「これこれ、どこの子だい。どうしてここにいるのだね」と尋ねると、童子は菅相公の前に座して、

「私には父も母も住む家もございません。菅相公さまは文章の博士、私も文道を学びたいです」

と答えました。五、六歳の子供には思えない立《たち》居《い》振る舞い。「これはきっと天からの授け者かもしれない」と菅相公は考え、その子を手元において育てることにしました。菅原道真の誕生です（〝子供は授かりもの〟という意味が語られています）。

菅相公は毎日道真に詩を作らせました。十四歳の時に書いた詩が、後に名詩歌《しいか》集として名高い『和漢朗詠集《わかんろうえいしゅう》』に納められました。

《臘月独興《ろうげつどっきょう》》
氷《こおり》水面《みなも》に封《ほう》じて聞くに浪《なみ》なし
雪《ゆき》林頭《りんとう》に點《てん》じて見るに花あり

——氷は池の水の面にかたくはりつめて浪の音はきこえない。雪は林の梢《こずえ》に降り積もって花が咲いたようだ——

道真は本の虫で弓など手にしたこともなかろうと、ある日仲間が面白半分に弓遊びに誘い

ました。すると、堂々と矢を放ち、次々と的《まと》に当てる道真に、人々は文武両道《ぶんぶりょうどう》だと驚き、深く敬意をもちました。

十八歳の頃になると文章得業生《もんじょうとくごうしょう》（秀才）となり、「友との交際、談笑《だんしょう》を絶つ」と寸暇《すんか》を惜しんで勉学に勤《いそ》しみました。その結果、三十歳の若さで祖父・父も任命された官職「式部少輔《しきぶしょうゆう》」、「文章博士」に就任、宇多《うだ》天皇の信頼も厚く、貴族社会の羨望《せんぼう》の的となりました。

当時の政務の中心は、代々藤原氏でした。仁和二年（八八六）、四十二歳を迎えた菅公《かんこう》（道真のこと）は、突如、文章博士の職を解かれ、讃岐の守に任命されました。代々学者の家柄の者が妻子と別れ、都から離され、国司《こくし》として地方行政を担《にな》うこととなりました。

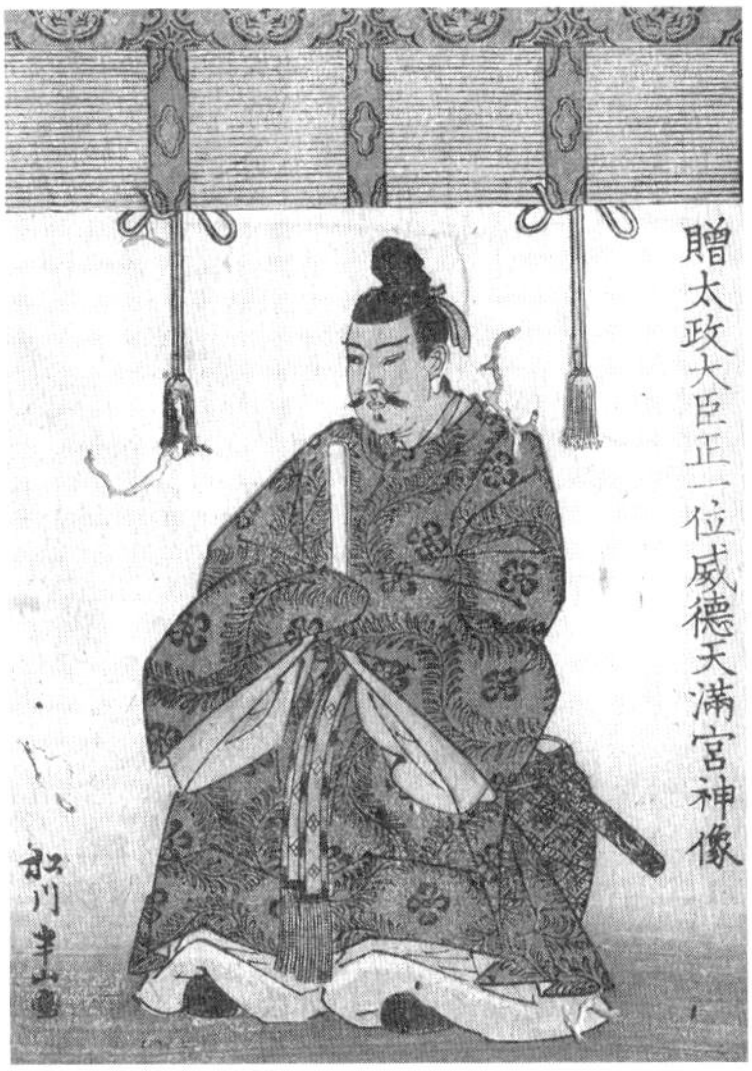

〝天神さま〟としての菅原道真公

天神社には、神となった菅公（道真）の像が祀られている（多くは束帯姿で描かれる）。
上は珍しい家紋入り装束の姿で描かれた天神像。「贈太政大臣正一位威徳天満宮神像」とある。
（天保13年刊『西国順礼道之記録』より）

菅公は、人道的な立場から飢饉《ききん》には米蔵《こめぐら》を開き、日照りが続けば雨乞《あまご》いをするなど国司としての人柄は多くの人々に慕《した》われました。菅公が任期を終え、都に帰ったのは寛平二年（八九〇）の春でした。

疎《うと》まれ、大宰府《だざいふ》に流されることに

政局は大きく動きます。光孝《こうこう》天皇の後、宇多天皇が即位。宇多天皇は関白《かんぱく》を置かず、自らが政治を主導する新政を目指し、菅公を近侍《きんじ》とし、蔵人頭《くろうどのとう》（天皇の秘書官長）に登用《とうよう》、さらに参議式部大輔《さんぎしきぶたいふ》と登進《とうしん》させました。やがて宇多天皇は醍醐《だいご》天皇に譲位《じょうい》され、自らは寛平法皇《かんぴょうほうおう》となりました。この譲位の相談相手は菅公一人であったと言われています。

そして、菅公を右大臣《うだいじん》に任命、藤原氏をおさえようと、さらに政務を右大臣の元に行えるように醍醐天皇へ進言、菅公は辞退しますが、すでに決まっていました。また菅公には三人の娘があり、長女・衍子《えんし》が宇多法皇の女御《にょうご》、三女・寧子《ねいし》が斎世親王《ときよしんのう》（醍醐天皇の弟）の妻となっていました。

左《さ》大臣・藤原時平《ときひら》は、永年藤原氏が国家の中枢《ちゅうすう》を占《し》め政務をつかさどっていたのに、菅原氏のような低い家柄のものが自分を差し置いて政《まつりごと》の中心になるのは耐えられない屈辱《くつじょく》でした。他の公卿たちも、学者上がりの菅公の異例の出世を疎《うと》ましく思う者が多くいました。藤原氏の存亡に対する危機意識、菅公の脅威《きょうい》をひしひしと実感していた時平は、公卿らと結託《けったく》し、菅公を陥《おとしい》れる企《くわだて》を練《ね》りました。

昌泰《しょうたい》四年（正月）、時平と菅公は同時に従二《じゅに》位《い》に進みました。ところが十日後に菅公は大《だ》宰権師《ざいのごんのそち》（副官）に左遷《させん》されるのです。その時の宣命《せんめい》は「止足《しそく》の分《ぶ》を知らず、専権《せんけん》の心あり、宇多法皇を欺《あざむ》き、醍醐天皇と仲違《なかたが》いをさせ、さらに天皇と皇弟（斉世親王）の間を裂《さ》こうとしている」というものでした。菅公にとって全く身に覚えのない事実無根の内容でした。

この左遷を知った寛平法皇は、醍醐天皇をいさめようと清涼殿《せいりょうでん》へ素足に泥を踏み走りましたが、時平に加担した藤原菅根《すがね》に阻止されます。法皇は清涼殿庭上に草座を敷いて木々の夕日に染まるまで待ちましたが、面会叶わず涙ながらに戻られました。

二月一日、菅公は無実の罪によって筑紫国《つくしのくに》（福岡県）大宰府《だざいふ》に流されます。

東風《こち》吹かば匂ひおこせよ梅の花
　あるじなしとて春を忘るな

菅公は粗末な漁船に乗せられ旅立ち、見送りに来た多くの人々は涙にくれました。

“天満大自在天神《てんまんだいじざいてんじん》”となった菅公

大宰府に流された菅公は都を思い、帝を思い、わが身を嘆く心を詩作に込めて気持ちを紛《まぎ》らわせました。

「去年の今夜清涼殿に侍《じ》す。秋思《しゅうし》の詩篇《しへん》独り腸を断つ。恩賜《おんし》の御衣《ぎょい》今ここにあり。奉持《ぶじ》して毎日余香《よか》を拝す」

何としてもこの濡れ衣《ぎぬ》を晴らしたいと、無実を天に訴える文章をしたため青竹の先にはさみ、山の頂《いただき》に登り、天に祈ること七日七晩。訴えの文章は雲を分け、天空に飛び入りていきました（ちなみに菅公が祈ったその山は後に「天拝《てんぱい》山《ざん》」と呼ばれるようになります）。

菅公はそれからほどなくして亡くなります。五十九歳でした。亡骸《なきがら》を牛車《ぎっしゃ》に乗せ、墓所に進

菅公の天拝山での祈りの図

祈りは天に届き、「天満大自在天神」という神号が天より菅公に下った。
（天保 13 年刊『西国順礼道之記録』より）

むのですが、牛は路上に座り込み石のようにうずくまって動きません。これはきっと菅公がこの場所に葬《ほうむ》ってほしいということなのだろうと、その地に埋葬されました。そして追善《ついぜん》のための寺が建立《こんりゅう》されました（安楽寺《あんらくじ》）。現在の太《だ》宰府天満宮《ざいふてんまんぐう》の起源です（なお太宰府天満宮は「大宰府」ではなく「太宰府」と表記する）。

菅公が亡くなった夏の夜、比叡山延暦寺《ひえいざんえんりゃくじ》の座主《ざす》・尊意僧正《そんいそうじょう》は、夜更《よふ》けに妻戸《つまど》を叩く音に目覚めました。戸を開けると菅公の亡霊が立っています。僧正がどうされましたかと尋ねると、

「私は無実と怨《うら》みを晴らすため、天に祈り、天満大自在天神《てんまんだいじざいてんじん》となった。梵天《ぼんてん》・帝《たい》釈天《しゃくてん》、諸々の神々は私の至心《ししん》を認め、力《ちから》添《そ》えを惜しまない。今私は都に入り、怨み

を晴らすのだ。しかし私はあなたと師弟の契《ちぎ》りを結んだ。あなたの法力《ほうりき》で邪魔しないように頼みに来たのだ」

これに対し僧正は、「そうですか、あなたのお心はよく分かりました。けれども天子さまたっての要請には従わなければなりません」。すると亡霊は机の上の柘榴《ざくろ》を口にして噛み砕き、妻戸に吐きました。忽《たちま》ち炎が燃え上がり、亡霊の姿はすぅと消え、妻戸には焼け跡が黒々と残りました。

数日後、都に激しい雷雨、雷鳴とどろき稲妻《いなづま》が走り、あまりの激しさに人々は震え上がりました。これは菅公の祟《たた》りではなかろうかと、密《ひそ》かな話が広まっていきます。

帝は法力のすぐれた尊意僧正に怨霊《おんりょう》を鎮《しず》め

太宰府天満宮・本殿
菅公のお墓の上に建てられている。

太宰府天満宮・本殿脇の「飛梅」
菅公を慕って都から飛んできたという。

るよう再々勅使《ちょくし》を発し、僧正はようやく祈祷《きとう》をします。しかし、素足になってまで訪ねた寛平法皇を帝に会わせなかった菅根《すがね》は雷に打たれて死に、落雷に向かい太刀《たち》を抜き「天神になられたとはいえ生前は私の次の位にいた菅公、あなどりたもうな」と叫び激しく雷に立ち向かった時平も病となり、三十九歳の若さで亡くなりました。

醍醐天皇と時平の妹・穏子《おんし》（醍醐天皇女御）との間に生まれた皇太子・保明《やすあき》親王も二十一歳で死去。菅公を追いやった者の縁者が次々と亡くなり、都には洪水、渇水《かっすい》、伝染病、雷と災いが続きます。これらは皆〝天満大自在天神〟となった菅公の仕業《しわざ》にちがいないと人々は噂《うわさ》をしました。

醍醐天皇は恐れ慄《おのの》き、菅公を従二位大宰権師から右大臣に復帰させ、正二位《しょうにい》を追贈《ついぞう》（死後に官位を贈ること）します。しかし延長《えんちょう》八年（一五九〇）六月二十六日、内裏《だいり》清涼殿に落雷があり、大納言《だいなごん》・藤原清貫《きよつら》をはじめ数人の公卿が雷に打たれて亡くなり、醍醐天皇もそのショックで病に倒れ、三か月後には逝去《せいきょ》されました。

様々な出来事が重なりあって正暦《しょうりゃく》四年（一六五三）、菅公は正一位左大臣、さらに太政《だじょう》大臣の官位を追贈されました。

○「学問の神さま」となった　菅公＝天神さま

やがて人々の間に、無実の罪を受けた者が菅原道真公＝天神さまを拝すれば加護してくださり、また無実の罪を受けた者でなくとも拝した者を加護してくださるという信仰が広まりまし

厨子入・押絵渡唐天神像

大阪府守口市・佐太天満宮蔵／明正天皇（1624 ～ 96）の筆

菅公が中国杭州の径山無準師範に禅の直伝を受け、帰国して、京都・東福寺の開山聖一国師の夢枕に、道服を身に着け、頭巾を被り梅の枝を持って現われた姿とされている。

た。さらに、菅公が学業に至心に取り組んでいたことから、「学芸の神」としても崇められるようになったのです。

特に江戸時代、各地に「寺子屋《てらこや》」が開設され、庶民にも学問への道が開かれました。その教室には菅公の姿が奉《たてまつ》られました。学問の神としての菅公＝天神さまへの信仰が、人々に広まる大きなきっかけになりました。

今、全国には一万二千社以上の天神社（菅公をお祀りする神社）があります。この天神信仰が、学問と向き合う人々の心の支えになっていることは日本文化の妙《みょう》味《み》と言えます。

十の語り

幸せをもたらす七福神《しちふくじん》

ドイツの詩人カール・ブッセ（一八七二〜一九一八）の作った詩を、上田敏《びん》（一八七四〜一九一六）が七・五・七・五のリズムと美しい日本のことばに訳し、詩集『海潮音《かいちょうおん》』（明治三十八年刊行の訳詩集）の巻頭に、この「山のあなた」を載せました。

山の向こうの遠い空の下に幸せな世界がある。その幸せな世界を探しに山を越え尋《たず》ねても、そこには求めた幸せはなかった。失望に涙

◯幸せは何処《どこ》にある

山のあなたの空遠く、
「幸《さいわい》」住むと人のいふ。
ああ、われひとと尋《と》めゆきて、
涙さしぐみ、かへりきぬ。
山のあなたになほ遠く、
「幸」住むと人のいふ。

が出そうになって帰ってきたが、遠い未知の国のどこかに「幸」はあるはずだ。

「幸」に対する答えはその恋しい思いと夢の中に余情として残り、「山のあなた」の詩は終わっています。

幸せは「辛《つら》い」という文字に一を加えれば「幸」になり、幸から一を引けば「辛」になる。一を加えるのか、一を引くのか、それは人によって様々です。

幸せは何処《どこ》にあるのでしょうか。

ここに、正直な心で「幸」を授かった夫婦のお話（「梅津長者物語《うめづのちょうじゃものがたり》」）があります。

「梅津長者物語」と七福神

昔、山城国《やましろのくに》梅津の里（現在の京都市右京区）に貧しい夫婦がいました。夫の名は左近丞《さこんのじょう》。粗末な小屋に二人で住んでいました。妻は日々の暮らしの辛さに「いっそ淵河《ふちかわ》に身を投げてしまいたい」。夫は「もったいないことを言うな。嘆いていてもしかたがない。わが国には夷三《えびすさぶ》郎殿《ろうどの》（恵比《えび》須《す》神）という福徳《ふくとく》の神さまがおられる。一緒に拝んでみよう」。

「梅津長者物語」の絵巻の一場面。老人（実は夷三郎）が餅を左近丞の妻からもらっている。
（西尾市岩瀬文庫所蔵）

二人は、〝南無《なむ》夷三郎殿、なにとぞ福分《ふくぶん》を頂戴《ちょうだい》できますように〃と朝夕祈りました。

　ある日、左近丞は野に出て、蕨《わらび》や芹《せり》を摘《つ》んでいました。すると尼が、「嵯峨《さが》のお寺へ参ろうと思っているのですが道に迷ってしまいました」と尋ねてきました。左近丞は畦道《あぜみち》を横切り、尼を太秦《うずまさ》まで案内をしてあげました。「ここからはもうすぐです。多くの人がお寺を目指して歩いていますからもう迷いませんよ」。尼はたいそう喜び、懐《ふところ》から紙包を取り出し左近丞に渡しました。中には十銭が入っていました。「これは夷殿のお力によるものだ」と急いで家に帰ると、妻は有り難いことですと、すぐに餅《もち》を買いに出かけました。その帰り道、一人の痩《や》せた老人に出会いました。老人は「私にほんの少し食べ物を施《ほどこ》してくださらぬか」といいました。

　妻は少し迷いましたが、ひもじさは私も同じ、さぞや辛いだろうと自分の食べる分を与えました。老人は「あなたのやさしいお心、必ずやご恩返しをしましょう」。そう言い残して西の方へとぼとぼと歩いて行きました。

　その夜、夫妻は同じ夢を見ました。一人の老人が「私は昨日、空腹を癒《いや》してもらった。その礼に福を与えよう。しかし、この家には貧乏《びんぼう》神《がみ》がたくさんいて、福の神が中に入れない。まず貧乏神を追いだそう」。妻が「あなたはいったいどなたさまですか」と尋ねると、「二人が朝夕祈っている夷三郎はこの私だ」と答え、夫婦はその声で目が覚めました。妻は夫にお餅を買って帰るとき、飢えた老人と出会い、餅を与えたことを話しました。

　その後、妻は男子を出産しました。夫婦の喜びようは、それは大変なものでした。

そしてまたもや不思議なことが起こりました。家の隅《すみ》や床下、天井でおかっぱ頭の子供たちが手に団扇《うちわ》を持って口々に「敵がやって来るぞ。仲間を集めて防戦しよう」と騒ぎたてているのです。そこに西ノ宮（兵庫県西宮市・西宮神社）の夷三郎が正装をして家に入ろうとしますが、西の岡（京都桂川《かつらがわ》右岸の丘）に住む貧乏神が群がって応戦し、その道をふさいでしまいました。

形勢不利と悟った夷三郎は稲荷《いなり》殿（伏見《ふしみ》稲荷）に加勢を求めました。すると稲荷殿の本地《ほんじ》（実体）である弁財天《べんざいてん》が、十五人の童子《どうじ》を従えて加勢します。貧乏神は善戦、そこで鞍馬山《くらまやま》の毘沙《びしゃ》門《もん》天に加勢を要請すると、毘沙門天は悪魔降伏《ごうぶく》の形相《ぎょうそう》で駆けつけ、剣や矛《ほこ》で斬りつけました。さすがの貧乏神も四方八方に逃げ、親分格の貧乏神が捕らえられ、「もうこの辺には決して足を踏み入れません」と誓い、追放されました。

夷三郎殿は、夫婦を呼び「おまえたちは貧しい中、正直と慈悲心を持って生活している。そのことは実に尊いことだ。我らが

節分（＝正月）に福の神が家を訪ねてくる様子を描いた図

（江戸中期）

豆まきで鬼神を追い出し、大黒天を家の内に迎えている。
松飾り、だいだい、海老のついた注連縄などが描かれている。
江戸庶民の「福の神」に対しての信仰のあり方がよく分かる図である。

「七福神之図」（信貴山）信明画

守護神となり見守る。今後もいっそう精進《しょうじん》せよ」とさとすと夫婦は只々《ただただ》有り難く涙を流し恭《うやうや》しく拝みました。

しばらくすると、門のところで、色黒で背は低く、頭巾《ずきん》を被《かぶ》り、大きな袋を肩にかけて、手に槌《つち》を持った人が戸をたたいています。「どちらさまですか」と尋ねると、「天《てん》竺《じく》（インド）に住む大黒《だいこく》天という者じゃ。慈悲深い夫婦と聞き、この家を住家《すみか》としようと思ってきた」。庭にいた夷殿、弁財天、毘沙門天は「お早いお越しですね」と迎え共に座《ざ》しました。

今度は光輝く雲の中から二人連れだって降りてきました。一人は唐《とう》（中国）の人で、髭《ひげ》は白く如意宝珠《にょいほうじゅ》を持っています。もう一人は、頭の長さが三尺《さんじゃく》で身長も三尺（九十センチ）。夷三郎殿は「めでたい寿老人《じゅろうじん》、福禄寿《ふくろくじゅ》がお出ましになった。どうしてお越しになられたのですか」と問うと、「正直の頭に神宿ると申しますから。どうして来ずにおられましょうや」と答えました。

また門をたたく者がいました。大肥満の法師《ほっし》が袋を肩にかけ、胸をはだけ、腹を突き出し、団扇を持ち、足駄《あしだ》を履《は》いて立っています。「どちらからですか」と尋ねると、「震旦《しんたん》（中国）の径山寺《けいざんじ》の布袋和尚《ほていおしょう》だ。夫婦ともに心清らか、仏の御心に適《かな》ったからここに来たのだ」と大口を開いてからからと笑いました。

庭に勢ぞろいしたのは七人の神々、「七福神《しちふくじん》」でした。そこで賑《にぎ》やかに酒宴《しゅえん》を開き、七人の神々は座興《ざきょう》を始めます……。

左近丞夫婦は貧しい身でしたが、貪《むさぼ》る心を持たず、正直な心を守り、人々にやさしく接し善心の行いをしました。その心がけが天に通じ、福の神が集う楽しい家となり、人々からは「梅津の長者」と親しまれ代々栄えました。（「梅津長者物語」絵巻の要約）

七福神信仰のひろがり

さて、「梅津長者物語」において語られている七福神は、三国《さんごく》・異教からなる国際的な構成になっています。すなわち恵比須神（夷三郎）は日本の神道《しんとう》、大黒天・毘沙門

「宝船之図」

正月に「宝船」の絵図を枕の下に敷いて休むとよい初夢が見られるという信仰が江戸時代に広まった。
また、宝船、七福神上船図は海外から神仏が渡来してくるところを表現している。

天・弁財天はインドの仏教、福禄寿・寿老人・布袋和尚は中国の道教《どうきょう》（布袋は仏教の僧侶だが道教において神として信仰された）で、これらを『仁《にん》王護国般若波羅蜜多経《のうごこくはんにゃはらみたきょう》』（仁王経）に説かれる、「七難即滅《しちなんそくめつ》・七福即生《しちふくそくしょう》」の教えをもとに、それぞれ独立していた神仏を一つのグループにまとめ、「七福神」ということばで表現したのです。

江戸時代、徳川家康の相談役であった天海僧《てんかいそう》正《じょう》は、家康の天下統一を祝い「家康様は七福（七福神の徳）を具《そな》えた神々のような征夷大将《せいいたいしょう》軍《ぐん》である」と讃えました。家康は喜び、絵師の狩野法眼探幽《かのうほうげんたんゆう》に七福神の絵を描かせ所蔵。この絵が評判を呼び、模写されてひろまりました。

そしてお正月には一年の平安福徳を祈るため、恵比須神が祀られている神社、弁財天が祀られている寺などの七か所を巡《めぐ》る「七福神めぐり」が各地に起こり、ひろまりました。

人々の「幸」「福」を切望する気持ちによって、七福神信仰の根本にある仏教の難解な教義も、素直に有り難いものとして受け入れられ、人気をはくしました。

優しい心は貧乏神を福の神に変える

このような七福神信仰に代表される「幸」「福」を求める信仰は、自分の幸せばかりを求めるのではなく、弱者（貧乏神）に対する心遣いを日本人の心の中に育むという面もあったのです。

東北地方には、次のようなお話が語り継がれています。

昔、ある村に働いても働いてもなかなか貧しさから抜け出せない男がいました。貧乏だけど真面目《まじめ》。それを見込んで村の人がお嫁さんを世話してくれました。家の中は急に明るくなり、男は毎日楽しく以前に増して働きました。

大みそか、天井裏で薄汚い爺《じい》さまがオイオイ泣いています。「お前は誰だ」。すると爺さまは、「私はこの家に住む貧乏神。夫婦でよく働くのでだんだん住みずらくなり、今夜この家を出なければならなくなった。明日には福の神が新しく就任する。わしゃ行くところがないのじゃ……」。夫婦はかわいそうになり、ここにいてもかまわないと言うと、貧乏神は今度はうれし泣きをしました。

やがてお寺の鐘がなり、新しい福の神がやってきました。「さあさあ、交代じゃ」。そう言うと貧乏神をつまみ上げ、外に出そうとします。貧乏神は力の限り抵抗し、見ていた夫婦は「貧乏神負けるな」と応援するものですから、福の神は驚いておたおた。とうとう夫婦は貧乏神と一緒になって福の神を追い出してしまいました。

夜が明け、お正月。少しのお餅とお酒で貧乏神も一緒に祝いました。その後、夫婦は金持ちにはなれませんでしたが、健康で明るく、じゅうぶん幸せな日々を過ごしました。つまり「幸」「福」は得たのです。貧乏神もあいかわらず天井裏に住んで二人を見守りました。

貧乏神さえ福の神にしてしまう素敵な夫婦です。思わず笑いたくなるお話です。

「笑う門には福来る」。明るい笑いの中に福の神、七福神はいるのですね。

十一の語り

東《とう》大《だい》寺《じ》二《に》月《がつ》堂《どう》のお水《みず》取《と》り

毎年秋になると、奈良国立博物館では正倉《しょうそう》院御物《いんぎょぶつ》の展覧会が始まります。東大寺大仏殿《だいぶつでん》の北西にある校倉《あぜくら》におさめられている聖武《しょうむ》天皇・光明皇后《こうみょうこうごう》の遺愛品や東大寺の寺宝・約九千点から選ばれた品々が展示されます。まさに天《てん》平《ぴょう》時代の優美な感覚が凝縮されていて、見る人々に深い感動を与えます。

しかし、聖武天皇が在位《ざいい》（七二四〜七四九）された時代は、決して穏やかではありませんでした。

お水取りのはじまり

長屋王《ながやおう》の変《へん》＝高市皇子《たけちのみこ》（六八四〜七二九）が讒《ざん》言《げん》により自害に追い込まれた事件や天然痘《てんねんとう》の流行、飢饉《ききん》、大地震……など、聖武天皇は、これら全て「朕《われ》、不徳を以《もっ》て実《まこと》に茲《こ》の災を到せり……」（『続日本紀《しょくにほんぎ》』）と、自分の不徳のためにこういう事態になってしまったと真剣に考えておられました。そして、いかにすれば国家の安泰と民衆の幸福を図《はか》れるかを深く思案されていました。

天平十二年の二月、聖武天皇は河内国《かわちのくに》（現在の大阪府東部）の知識寺《ちしきじ》（仏教信徒の財物、労力の寄進によって建《こん》立《りゅう》された寺）で、「盧舎那仏《るしゃなぶつ》」の像を初めて拝しました。その盧舎那仏は知識寺に集う人々が力を合わせて造《ぞう》立《りゅう》したものでした。聖武天皇はみんなが力を寄せて仏を造ったことに深い感動を覚えました。やがて聖武天皇は、紫香楽宮《しがらきのみや》で盧舎那仏造顕《ぞうけん》の詔《みことのり》も出されました。それは、生きとし生けるものすべての命は互いに関係し合い調和を保ち、融合し、存在するという華厳浄土《けごんじょうど》の世界観を象徴する大仏（盧舎那仏）の造立でした。

東大寺二月堂のお水取り（修二会）

「如《も》し更《さら》に、人有りて、一枝の草、一把《にぎり》の土を持ちて、像を助け造らむと情《こころ》に願わば、恣《ほしいまま》に聴《ゆる》せ」。もしも誰かが一枝の草、一把の土を持って自分も大仏造立に協力したいといったならば許せ（願いを聞き入れなさい）と言っておられます。僅《わず》かな力であっても国民ひとりひとりが盧舎那仏造立への参加を願う呼びかけでありました。

さらに「天に坐《いま》す神《かみ》、地に坐す祇《かみ》を祈祷《きとう》し

実忠和尚像（東大寺蔵、江戸時代）

奉《たてまつ》り……」と神の合力《ごうりき》を仰ぎました。この呼びかけは、波紋のように広がり、行基菩薩《ぎょうきぼさつ》の大仏建立勧進《かんじん》活動となってゆき、全国の八幡《はちまん》さまの総本宮《そうほんぐう》、宇佐《うさ》神宮さまは神が自ら天神地祇《てんじんちぎ》

（天地のすべての神々）を誘い、万難《ばんなん》を排して大仏建立を誓う託宣《たくせん》（天平勝宝元年《てんぴょうしょうほう》十一月）となって現れ、自ら大自在王《だいじざいおう》菩薩と称しました（東大寺八幡宮＝現・手向山《たむけやま》八幡宮として社殿があります）。そして、神を拝すること、仏を拝むことは共に通じ合うという「神仏同体」の道理を人々に植えつける大きな要因となりました。やがて、八幡宮は各地の寺々に勧請《かんじょう》され、社殿が建てられていきます。

　天平勝宝四年（七五二）春、東大寺において国を挙げて盛大な大仏開眼供養《かいげんくよう》が行われました。時を同じくして東大寺初代別当《べっとう》・良弁僧《ろうべんそう》正《じょう》の高弟、実忠和尚《じっちゅうかしょう》は「二月堂」を建立。その二月堂において実忠和尚は、人間の六根《ろっこん》（眼・耳・鼻・舌・身・意）によって生じてしまう様々な誤ちを悔い改め、六根を清浄にするための実践行として、本尊・十一面観世音《じゅういちめんかんぜおん》菩薩に悔過《けか》（懺悔《さんげ》）する行法＝「十一面悔過」を始行《しぎょう》（行を始めること）されました。

『東大寺要録《ようろく》』（平安時代に東大寺の古い記録を編《へん》纂《さん》した寺誌）の写本には、二月堂は実忠和尚の草創であること、天平勝宝四年（七五二）から十一面悔過を始行されたことが記されています。

その十一面悔過にもとづく法要は「修二会《しゅにえ》」と呼ばれ、法要の中で松明《たいまつ》の火をかざすことから「お松明」とも、また「若狭井《わかさい》」から水を汲《く》み上げることから「お水取り」とも親しみを込めて呼ばれ、現在まで一度も途切れることなく毎年行われる行事となったのです。

修二会の法要は二七日《にしちにち》間（＝十四日間）におよび、特に十二日目の深夜、二月堂前の若狭井か

若狭井（手前）
後ろは「良弁杉」と二月堂

ら、遠敷《おにゅう》明神《みょうじん》が神々の参集に遅れた際にお詫びとして二月堂本尊にささげたという伝説がある香水《こうずい》を汲み上げ、「閼伽水《あかすい》」として本尊に供《そな》えます。それがこの修二会が「お水取り」と通称される由縁《ゆえん》です。

この若狭井について『東大寺要録』には、

東大寺二月堂の奥に祀られている遠敷神社

鵜の瀬の流れ
（福井県小浜市）

「実忠和尚が十一面悔過（修二会）を行うに際して神名帳《じんみょうちょう》（神祇の名称を記した帳簿）を読み諸国の神々をお招きしたところ、諸神が集まられ競って祝福を与え、争って守護されたが、若狭国《わかさのくに》（現在の福井県南部）の遠敷明神だけは漁を喜び精進《しょうじん》が稀《まれ》であった（魚釣りに熱中し職務をおろそかにした）。この行法が終わるころになってようやくやって来られたが、遠敷明神はその行法を聞くとあまりに有り難く随喜《ずいき》感激して若狭の水を献じましょうと約束された。すると突然、二月堂の前の岩盤《がんばん》を穿《うが》って（突き破って）白黒二羽の鵜《う》が飛び出し香水があふれ出た」

と記されています。

この湧水の場所を「若狭井」と呼び、以来、二月堂の若狭井と、遠敷明神の故郷である若狭の遠敷川《おにゅうがわ》（福井県小浜市を流れる一級河川）の「鵜《う》の瀬《せ》」（遠敷川中流にある淵。名称は前述の伝説の「鵜」に由来する）は、信仰の絆《きずな》で深く結ばれました。

海幸彦《うみさちひこ》・山幸彦《やまさちひこ》と八百比丘尼《やおびくに》の伝説

若狭国（福井県南部）は、日本海に面しています。そして「海のある奈良」と言われるほど古い歴史をもつ寺社が点在しています。

若狭一宮《いちのみや》・若狭彦神社《わかさひこじんじゃ》の祭神は、「彦火火出見尊《ひこほほでみのみこと》（上社《かみしゃ》）」とその妃神《きさきがみ》「豊玉姫《とよたまひめ》（下社《しもしゃ》）」です。日本神話の「海幸彦《うみさちひこ》・山幸彦《やまさちひこ》」にまつわることで名高い神です。

彦火火出見尊＝山幸彦が、兄の火照命《ほでりのみこと》＝海幸彦と猟具を取り替えて、魚釣りに出かけま

若狭彦神社
（福井県小浜市）

す。しかし魚は釣れず、そればかりか釣針さえも失ってしまいました。海幸彦はどうしても元の釣針を返せとせまります。途方に暮れていると、潮椎神《しおつちのかみ》（海の神）が龍宮へ赴《おもむ》き釣針を探すように教えてくれました。そして龍宮へ赴いた山幸彦は縁あって海神（豊玉彦《とよたまひこ》）の娘＝豊玉姫と結婚。しばらく楽しい日を送りますが、兄の釣針のことが気になり帰国を願います。海神は山幸彦に釣針と潮盈珠《しおみちのたま》・潮乾珠《しおひきのたま》を渡し、豊玉姫と一緒に帰しました。

そして山幸彦は、兄の海幸彦に釣針を返しました。しかし海幸彦がその釣針で漁をしますが一匹として釣れません。怒った海幸彦は、山幸彦の家に家来たちとおしかけます。山幸彦は豊玉姫の差し出す潮盈珠を水につけると、たちまち大海水が湧き起こり海幸彦をのみこみます。

助けを求める兄に「兄さん。もういじわるはなさいませんか」。「もうしないから早く助けてくれ」。そこで潮乾珠を水に浸すと海水はスーっと引いてしまいました。それ以来二人の兄弟は仲良く暮らしたとのことです。

さて、遠敷川の鵜の瀬には、若狭彦《わかさひこ》（＝彦火火出見尊）、若狭姫（＝豊玉姫）の二神が降りたと伝えられる巨岩があり、また次のような言い伝えもあります。

「昔、この国に男女ありて夫婦と為《な》り、ともに長寿にして、人其《そ》の年齢を知らず。容貌の壮若きこと少年の如し。後、神と為る。今一ノ宮の神是《これ》なり。因《よ》りて若狭の国と称《たた》ふ」（『風土記《ふどき》』逸文）。これは古代の記事ではないようですが、「若狭」という地名の由来が「若々しいこと」「若返り」であるという記述が、面白く思われます。若狭は、人魚の肉を食したことから年をとれず、八百年も長生きをしたという有名な空《くう》印寺《いんじ》「八百比丘尼《やおびくに》」の伝説もある、若返りの国なのです。

ちなみに現在の福井県の長寿度は男性が全国四位、女性は十一位です。

若狭神宮司《じんぐうじ》と東大寺の若狭井

これらの伝説の源は、若狭が古来大陸文化の入口であり、渡来人が多く上陸した地であるということにも関連します。

お水取りを始めた実忠和尚もインド・中国・朝鮮半島を経てこの若狭に上陸、遠敷川近くの「神宮寺《じんぐうじ》」に逗留《とうりゅう》しています。そして神宮寺の近くには良弁僧正の誕生地もあります。良弁僧

若狭神宮寺（福井県小浜市）

若狭神宮寺の閼伽井戸

正は、幼いころ大鷲にさらわれ、大杉に掛けられているところを奈良・春日大社《かすがたいしゃ》に参詣に来た高僧・義淵《ぎえん》に救われ、彼の教えを受けたのち、金鐘寺《こんしゅじ》（東大寺の起源となったとされる寺院）に移りました。やがて東大寺開山となった良弁僧正の噂を聞いて、生き別れとなった母が訪ねてきて再会を果たしたと伝えられます。

この神宮寺（通称・若狭神宮司）は、実忠和尚が良弁僧正の弟子となる縁をつくり、若狭から二月堂へお水を送る源となりました。

東大寺の修二会が新暦三月一日から始まる前、若狭神宮寺の「送水《そうすい》神事《しんじ》」は二月十六日から始まります。若狭神宮寺境内《けいだい》にある閼伽井戸《あかいど》から竹筒二本に閼伽水を汲み、本堂に供え、行法。やがて満願《まんがん》を迎える三月二日、大籠松明《おおかごたいまつ》を先頭に鵜の瀬に向かう、そして送水文を唱え

送水神事の様子をかたどった和紙人形。
神事を行う神宮司の住職と修験者たち。
(鵜の瀬公園資料館展示)

る、竹筒の香水が遠敷川に注がれ十日間をかけて大和国《やまとのくに》(奈良県)の東大寺二月堂若狭井に着します。

以来、二月堂の「若狭井」と若狭の「神宮寺・遠敷川の鵜の瀬」は、信仰の絆で強く結ばれ、お水を送る側、お水を汲み取る側、両者の阿吽《あうん》の呼吸で一千二百年以上にわたって悔過(懺悔)する行法が続けられてきました。

関西では「お水取りが済むと春が来るね」と言われるほど待ち焦《こ》がれる行事です。

十二の語り

お稲荷《いなり》さんと神仏習合《しんぶつしゅうごう》、そしてダキニ天《てん》

狐や真っ赤な鳥居《とりい》によってイメージされる「お稲荷《いなり》さん」(稲荷明神《みょうじん》)は、ビルの屋上や路地裏、農村の広々とした田園風景の中にもお祀《まつ》りされ、日本中、お稲荷さんを見かけない土地はないほどです。

お稲荷さんは、一般的には神社に祀られている印象が強いと思いますが、後述する「豊川稲荷《とよかわいなり》」(曹洞宗妙厳寺《みょうごんじ》)や「最上稲荷《さいじょういなり》」(日蓮宗妙《みょう》教寺《きょうじ》)など、実はお寺でも盛んに祀られています。筆者が所属する真言宗においても、お稲荷さんを祀っている寺院は数多くあります。

では、お稲荷さんは神さまなのでしょうか、それとも仏さまなのでしょうか、どちらなのでしょう?

実は、お稲荷さんは、神さまと仏さまが最もよく習合《しゅうごう》(調和)された、人々にたくさんのご利益《りやく》を授けておられる「神仏」さまなのです。

神さまであり仏さまでもあるお稲荷さん

毎年、お正月に大勢の参拝客が訪れる京都の伏見《ふしみ》稲荷大社《たいしゃ》では、その参拝客のほとんどの方が、「二礼二拍手一礼」という作法でお参りされています。

このお参りの仕方は神道《しんとう》式の作法であるわけですが、実は、このような「神社では必ず神道式の作法でお参りする」ということは、慶応四年＝明治元年（一八六八）に「神仏分離令」という法令が明治政府により発令され、「これからは神と仏を分けて祀りなさい」と強制的に分けられた結果の作法です。

それ以前は、神と仏は共存共栄の関係（これを「神仏習合」と言います）にあり、神社に仏像や仏典が祀られたり、逆に寺院に神道の神が祀られたりしていたのです。それゆえ、神社へのお参りで仏教式の作法（読経《どきょう》など）を行ったり、逆に寺院へのお参りで神道式の作法を行ったりすることもできたのです。

しかし、神仏分離令の発令により仏教排撃運動が起こり、神社に祀られていた仏像は破壊され、仏典類は燃やされました。暴徒化した輩《やから》は一般の寺院を襲い、甚大《じんだい》な被害がでました。それは単純に仏教排撃だけでなく、時代を超えて培《つちか》われた日本文化の崩壊につながりました。

お稲荷さんを祀る寺院として知られる愛知県の曹洞宗妙厳寺や岡山県の日蓮宗（かつては天台宗）妙教寺は、この苦難をなんとか乗り越えました。現在も境内《けいだい》に大鳥居が立ち、稲荷明神をお祀りするかたちが保たれ、それぞれ「豊

豊川稲荷（妙厳寺）本堂

最上稲荷（妙教寺）本殿

川稲荷、「最上稲荷」と通称され、代表的なお稲荷さんとして知られています。

「神仏習合」について、もう少し詳しく述べてみます。

古来、農業集落が各地に形成されてくると、人々は五穀豊穣《ごこくほうじょう》や集落の安全を、樹木・岩石などの自然に宿る神に祈りました。神は自《おの》ずと地域を治《おさ》める主であり、鎮守《ちんじゅ》主でした。人々は神を恐れ、敬い、怒りに触れぬよう身を謹《つつし》み、供物《くもつ》を捧げ、お詫びを申し上げて祈りました。そして、ほんの少しの福を分け与えてください、災いを除いてください、雨を降らせてくださいと、恐る恐るお願いもしました。

人々のそのような願いによって、神道の神さまは仏教の仏さまとつながっていったと言えます。それは、日本に伝来した仏教は、総合的思想体系のほかに、「加持《かじ》（仏の加護を得るための作法）」や「呪力（陀羅尼《だらに》や真言によって得られる不可思議な力）」についての「教学的体系」も備えていました。人々は、仏教の仏さまだけではなく、神道の神さまに対しても、この体系にもとづいた祈りを捧げるようになりました。

このようにして、神と仏は祈りの対象として一体化し、神仏習合の世界観ができあがっていったのです。

この神仏習合の世界観の中で、庶民に最も人気があったのがお稲荷さんです。お稲荷さんは、神さまであると同時に、仏さまでもありました。そのようなかたちで広く信仰され、時を重ねてきたのです。

全国に稲荷社は、（神道系・仏教系あわせて）約四万社あると言われています。お稲荷さんの人気のほどが分かります。

伏見稲荷と東寺《とうじ》、稲荷明神と弘法大師《こうぼうだいし》の関係

では、全国の稲荷社の総社と崇められる伏見稲荷大社の縁起《えんぎ》をみてみましょう。

伏見稲荷大社は、和銅《わどう》四年（七一一）頃、秦《はたの》公《きみ》伊呂具《いろぐ》が富裕を誇って餅《もち》を的《まと》にし弓を射《い》たところ、餅が白鳥の姿となって飛び去り、山の峰に止まって稲を生じ、その縁によって伊奈利《いなり》と呼び「社《やしろ》」を造立《ぞうりゅう》した、と伝えられています（『山城国《やましろのくにの》風土記《ふどき》』逸文《いつぶん》）。

秦氏《はたし》は百済《くだら》（古代の朝鮮半島南西部の国）から渡《と》来《らい》した一族で、すぐれた農耕技術を保持していたとされ、「稲」の神さまとのつながりが興味深く思われます。

さて、伏見稲荷大社は、京都の東寺《とうじ》（弘法大《こうぼうだい》

伏見稲荷大社・楼門

伏見稲荷大社・千本鳥居

師《し》空海《くうかい》が建立《こんりゅう》された真言宗の重要な寺院）とも関係があります。

東寺に伝わる『稲荷大明神流記《るき》』には、次のようなお話が記されています。

弘仁《こうにん》七年（八一六）四月の頃に、弘法大師は紀伊国《きいのくに》（和歌山県）田辺《たなべ》の宿で、筋骨たくましい身の丈《たけ》八尺《しゃく》（約二メートル四十センチ）の、少し変わった顔付きの翁《おきな》（古老）に出会いました。大師と翁は、かつて前世において霊鷲山《りょうじゅせん》（お釈迦さまが説法された聖なる山）で出会っており、その時以来の再会を喜びあいました。

大師は翁に、「随分《ずいぶん》と時が経ちました。あの時（霊鷲山で）交わした約束を覚えておられますか？ 私が密教を紹隆《しょうりゅう》（先人の事業を継承し発展させること）させ、あなたがその教えを擁護《ようご》されるという誓いをかわしましたね。今、私は帝都に鎮護《ちんご》国家を祈る道場を建立しようとしています」と述べました。

これに対し翁は、「時間は経ちました。しかし心は同じですよ。その時には和尚（＝弘法大師）

の法命を守るため、必ず参ります」と言い、別れました。

それから七年後の弘仁十四年（八二三）正月十九日、嵯峨《さが》天皇は勅《ちょく》を発し、弘法大師に東寺を与えられました。大師は東寺を鎮護国家を祈る道場としました。

その年の四月十二日、稲を荷《にな》（担）った翁が、二人の女性と二人の子供を連れだって東寺の南《なん》大門《だいもん》に現われ、「私は大師との約束によってここに参った」と言いました。大師の弟子・真《しん》雅《が》僧正《そうじょう》は、大師に早速このことを告げました。

大師は喜び迎え、親しく歓談なさり、五穀・珍味を差し上げてご供養し、法楽《ほうらく》（経典の読誦《どくじゅ》）を捧げ、一行をもてなしました。

大師は、翁一行を八条《はちじょう》二階堂《にかいどう》の柴守長者《しばもりちょうじゃ》の家にご案内をして、仮《かり》のお住まいにしていただきました。翁一行はそこに二十日間逗留《とうりゅう》され、その間に大師は嵯峨天皇さまにお願いを申し出、東寺より東南に当たる杣山《そまやま》（稲荷山、伏見稲荷大社の神体山）に翁が住まわれる屋形《やかた》（館）を建てる許可をいただき、地鎮《じちん》の法を修して「社」を建立し、翁の来臨《らいりん》を請《こ》うたのでした。

翁が稲を荷っておられるところから、翁を稲荷明神とお呼びになりました。稲荷明神は約束の通り、永く密教の道場を守護されたのです。

これ以来、東寺の鎮守神は稲荷明神と定められ、大切に祀られ、崇められてきました（以上、要約）。

さて、伏見稲荷大社の最大のお祭りは、「稲荷祭」です。三月の午の日（現在は四月二十日前後の日曜日）に伏見大社五社の神輿《みこし》が伏見のお山を出発、京都駅近くの御旅所《おたびしょ》（柴守長者の屋敷跡）に勢ぞろい。氏子《うじこ》の拝礼を受け、二十日間滞在（稲荷明神が東寺を訪れた際ここに二十日滞在したことによる習わし）し、また伏見のお山に帰られます。その時、東寺の境内にある八幡宮の前に神輿が揃い、東寺の僧侶の手によってご供養を受けられます。

神仏分離令によって、東寺境内に入って供養を受けることは一時中断されていました。しかし、氏子は永年の信仰を国の力で変えられることを承知せず、その結果復活し、現在も昔と同じ姿で続けられています。

●稲荷明神と「狐」の関係

神仏分離令が発せられる二十年近く前の、弘《こう》化《か》五年（一八四九）に刊行された『西国順禮《さいごくじゅんれい》（巡礼）案内記』には、「三之峰稲荷社《みつのみねいなりやしろ》（＝伏見

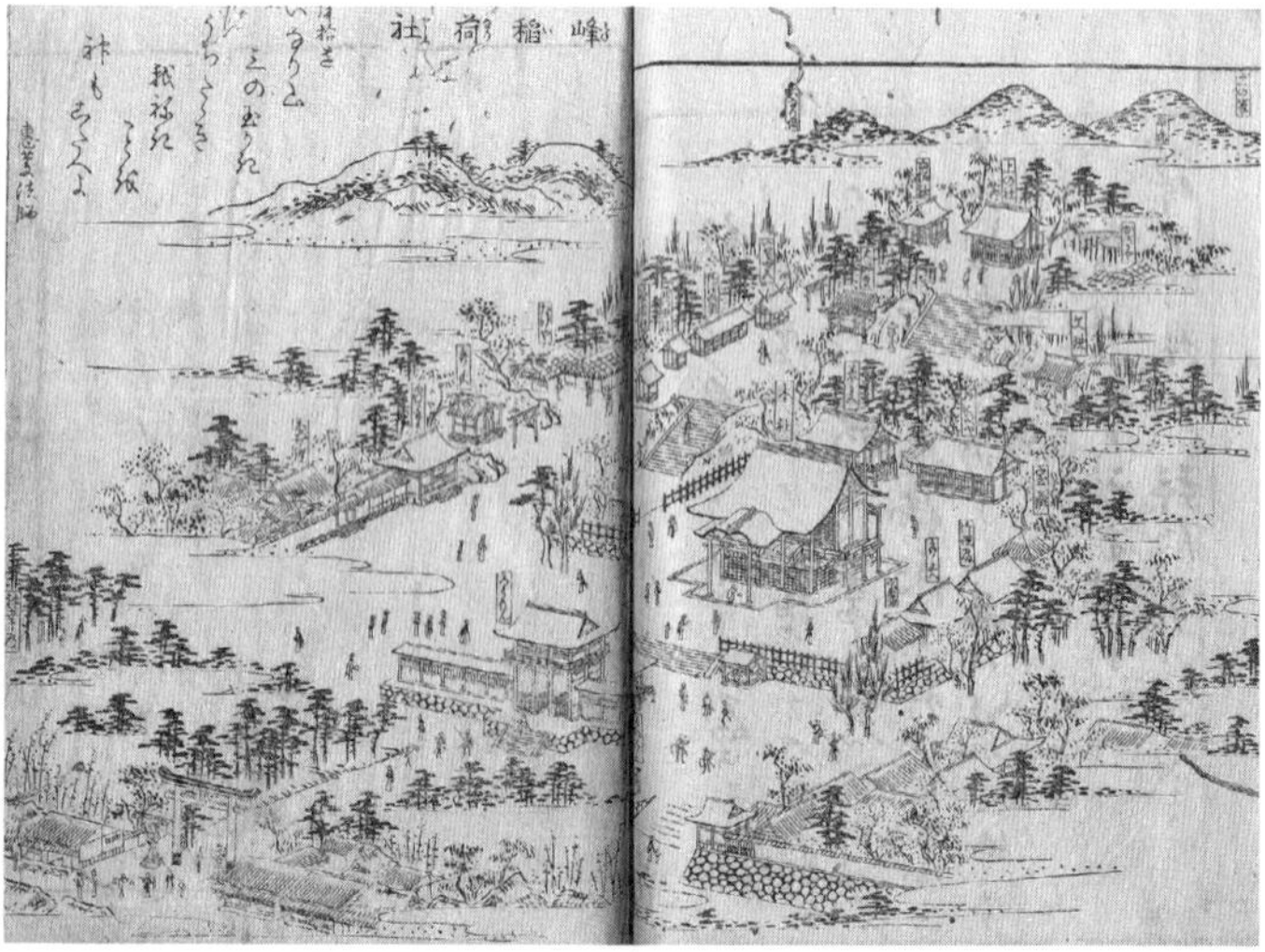

「三之峰稲荷社（＝伏見稲荷大社）参詣図」
（『西国順禮案内記』より）

稲荷大社）参詣図《さんけいず》」の全体が描写されています（前ページ写真参照）。上の社の右横に「白狐社《びゃっこしゃ》」（後述）、階段の左右に「大師堂」（弘法大師を祀るお堂）と「文殊堂《もんじゅどう》」（文殊菩薩を祀るお堂）、そして中央本社の左横に「愛染寺《あいぜんじ》」（本願所《ほんがんしょ》、東寺の末寺）が描かれています。

お稲荷さんの特色は、神の使い、もしくは眷《けん》属《ぞく》（従者）として、「狐」がいることです。狐については『稲荷大明神流記』の注に、次のようなお話があります。

昔、山城国紀伊郡《やましろのくにきいのこおり》（現在の京都市下京区の辺り）落陽城《らくようじょう》の北、船岡山《ふなおかやま》の辺りに、老狐夫婦が住んでいました。夫の身の毛は白く、まるで針を並べ立てているように覆《おお》われていました。尾は稲穂のようでもあり、跳《は》ね上がった尾先には仏さまの五鈷杵《ごこしょ》を挟《はさ》んでいるようにも見えました。また婦人の狐は、まるで鹿の首がそのまま胴体となったようにすらりとしていました。夫婦には、五匹のそれぞれ特色のある顔立ちをした子狐がいました。

弘仁《こうにん》の中頃（八一五年頃）、この狐の親子は稲荷山に登って社《やしろ》（伏見稲荷大社）の前に額《ぬか》ずき、こう申しました。「私たち親子は畜類《ちくるい》として命を頂戴《ちょうだい》いたしました。そして私たちは清らかな〝智《ち》〟を授かっております。この授かりました〝智〟を、世を守り、人々の願望を利することに活用したく日々思っていますが、なにせ畜類の姿のことですので、私たちの願望をとげることがかないません。そこで本日はお山に登り、神前に額ずき、私たちの願いを申し述べさせていただきました。どうか神威《しんい》をおかりして願いを果たさせてください」。

これを聞いた稲荷明神は深く感動され、「我《われ》は和光《わこう》同塵《どうじん》の善巧《ぜんぎょう》を顕《あらわ》して、化度利生《けどりしょう》の方《ほう》便《べん》を廻《めぐら》す。今より長く当社使者となり、人々を助け、憐《あわ》れむべし。夫は上の宮に仕え、その名を〝小芒《おすすき》〟としなさい。妻は下の宮に仕え、その名を〝阿古町《あこまち》〟としなさい」と告げました。そして、十種の誓約を立て、力を得た夫婦の狐は人々の夢の中に姿を見せ、お告げを下すようになり、「告げ狐」と呼ばれました。

前述の白狐社は、この〝阿古町〟を祀った社といわれています。

ダキニ天の像
（大阪・聖天山正圓寺蔵）

稲荷明神とダキニ天の関係

さて、稲荷明神は、仏教（密教）経典に説かれるインドの女神「ダキニ天」（漢字では荼吉尼天または吒枳尼天と表記）と習合しています。ダキニ天は、密教の胎蔵曼荼羅《たいぞうまんだら》には恐ろしい鬼女のお姿で描かれていますが、日本で稲荷明神と習合することによって、狐に跨《また》がった美しい女神のお姿で表わされるようになりました（前ページ写真参照）。

ここでは、前述した「豊川稲荷」（愛知県の曹洞宗妙厳寺）に伝えられるダキニ天のお話をご紹介しましょう。

曹洞宗開祖・道元禅師《どうげんぜんじ》の高弟、寒巖義尹《かんがんぎいん》禅師（一二一七〜一三〇〇）は、禅の修行のため入宋《にっそう》（宋＝中国に入ること）されましたが、日本に帰られるおり（一二六七年）、海上に宝珠を持ち、稲穂を荷《にな》い、白狐に跨《また》がったダキニ天が現れたと言います。寒巖禅師はその御神示に深く感動され、帰国後お姿を刻み、生涯、守護善神として祀られました。この寒巖禅師の前に現われたダキニ天は、特に「ダキニ真天《しん》」（吒枳尼真天）と敬称されています。

なお、ダキニ真天のご真言は、「オン・シラバッタ・ニリウン・ソワカ」です。これを唱えれば威力増大し、福徳知恵を得《え》、苦を除き、楽《らく》を生み、悲しみを喜びに転じ、願いを成就《じょうじゅ》するとされています。

さて、その後、東海義易《とうかいぎえき》禅師（?〜一四九七）が三河《みかわ》（愛知県）の豊川の地に、このダキニ真天をお祀りする「妙厳寺＝豊川稲荷」を開創され、ダキニ真天は「豊川ダキニ真天」と通称されるようになりました。

その妙厳寺の開創時のことです。一人の翁が現われ、東海禅師のそばにいつもいて、よく手助けをしました。翁はひとつの小さなお釜を

豊川稲荷の霊狐塚

持ち、ある時はご飯を炊き、ある時はお湯をわかす、お釜ひとつですべてを間に合わせていました。どんなに大勢の人が来ても、そのお釜ひとつでお接待をしたのです。まるで、何十人、何百人もの人が働いているようにみえました。

ある時「どんな術を使ってお釜ひとつでお料理ができるのですか?」と問われると、翁は「私には三百一人の眷属がいるのです。どんなことでもできないことはありません」。また、「どんな願いもかなえます」と言いました。東海禅師が亡くなると、この翁も姿を消し、後には翁が使ったお釜だけが残っていました。寺ではこの翁を「平八郎《へいはちろう》稲荷」と呼び、ダキニ真天とともにお祀りしました。

豊川稲荷には、今もたくさんの眷属の狐が「奥の院」に鎮座《ちんざ》されています。その数はおよそ一千体とも言われ、「霊狐塚《れいこづか》」と呼ばれています。

昔から「病《やま》い弘法《こうぼう》、欲稲荷」と並び言われるように、お稲荷さん、お大師さんともに、とても身近な存在として、今も人々に親しまれています。

十三の語り

厳島《いつくしま》神社《じんじゃ》と平清盛《たいらのきよもり》、そして弁才天《べんざいてん》

海の中に大鳥居がどっしりと建ち、朱色の社殿は浮かぶようにその姿を水面《みなも》に映しています。そこには『平家納経《へいけのうきょう》』と呼ばれる経典が納められました。

神社にどうしてお経が納められたのか、不思議に感じられますか？

海に浮かぶ大鳥居には七トンもの小石が鳥居の横木の中に納められ、その一石一石に『一切経《いっさいきょう》』というお経の文字が書かれていると知ったら、さらに驚かれることでしょう。

安芸《あき》（広島県）・宮島《みやじま》の「厳島《いつくしま》神社」のお話です。

厳島神社もまた、神仏習合《しんぶつしゅうごう》の聖地でありました。神仏習合、すなわち仏さまと神さまは、一三〇〇年もの間、お互いに助け補い、人々にいかに利益《りやく》を授けるかをテーマに共生されておられました。

厳島神社の社殿の美しさ

さて、伊勢神宮や出雲大社の本殿は上代《かみよ》の住

海上に建つ厳島神社の大鳥居

居形式の寝《しん》殿《でん》です。しかし、厳島神社は平安時代にみられる寝殿様式を社殿としています。貴族の屋敷である寝殿の家屋には名勝《めいしょう》地《ち》の景色（松島や天橋立《あまのはしだて》）を真似《まね》て美しい庭が造られました。

厳島神社の社殿

　厳島神社の社殿は、海を庭としています。潮の満ち引きによって姿が変わり、月や太陽の光に映し出される社殿の朱色や緑や黄色は刻々と変化するという、画期的な庭でした。

　この光と影の美しさをもつ社殿を造立したのは、武家政治を構築した平家の棟梁《とうりょう》（首領）・平清盛《たいらのきよもり》。彼の美意識、極楽浄土をこの世に描き出す発想によるものでした。『梁塵秘抄《りょうじんひしょう》』口《く》

伝巻十《でんまきのじゅう》に、後白河法皇《ごしらかわほうおう》・建春門院《けんしゅんもんいん》の厳島参拝の様子（感動）を次のように伝えています。

「宝殿のさま、回廊《かいろう》長く続きたるに、潮さしては回廊の下まで水を湛《たた》へ、入海のむかへに浪《なみ》白くたちて流れたる、むかへの山を見れば木々みな青みわたりて緑なり。山に畳《たた》める岩石の石、水ぎはに白くして聳《そびえ》てたてり。白き浪時々打ちかくる。めでたきこと（壮麗なこと）限りなし」

海とその背景にある弥山《みせん》を讃えています。

平清盛像
（京都・六波羅蜜寺蔵）

厳島の神々と平清盛

清盛と厳島の神々との出会いは、久安五年（一一四九）、清盛が高野山大塔《だいとう》造営の代官として、父・忠盛《ただもり》の名代《みょうだい》となって高野山に登った時に始まります。

「ある日清盛は一人の老僧に出会いました。老僧は若い清盛（三十二歳）に次のように言いました。

『安芸の伊都岐《いつき》島（＝厳島）神は筑前《ちくぜん》国宗《むな》像大神《かたおおかみ》さま、すなわち素戔嗚尊《すさのおのみこと》の子供である三人の姫君です。姫々は別々のところにおられます。一人は筑前国宗像の大神さ

厳島神社の本地、十一面観世音菩薩の像
（宮島・大本山大聖院蔵）

まのところ、お名前は沖つ島におられるので奥津《おきつ》嶋姫命《しまひめのみこと》、また中嶋におられるのは市杵《いちき》嶋姫命《しまひめのみこと》、三人目は海浜におられますので湍津《たぎつ》姫命《ひめのみこと》と申し上げます。安芸の伊都岐島はこの三柱姫（宗像三女神《むなかたさんじょじん》）をお迎えしてお祀《まつ》りしている神さま（厳島大明神《だいみょうじん》）なのです。厳島大明神の本地仏《ほんじぶつ》（神の源となる仏）は、十一面観世音菩薩《じゅういちめんかんぜおんぼさつ》さまです。

今、厳島神社は衰えておられます。ですからこの神さま、仏さまがお喜びになられるようお力を添えられるなら、その功徳によって必ずや貴方さまは栄達を極められるでしょう。そしてその御徳《おんとく》はご一門に雨の如くふりそそがれます』

そう言うと立ち去りました。あくる日、清盛はその話しの続きを詳しく聞きたいと老僧を捜させましたが、高野山にその姿を見出すことはできませんでした」（『平家物語』大塔建立《こんりゅう》の項）

次第に力をもってきた清盛は、一族と共に拝する独自性の強い氏神《うじがみ》さまを求めておりました。この頃、父・忠盛は鎮西《ちんぜい》（九州）において入宋貿易《にっそうぼうえき》を手がけていました。その航路は対馬《つしま》海峡・壱岐《いき》水道に連なる風波の激しい玄界灘《げんかいなだ》を航行しなければなりません。船乗りたちは島々に「宗像三女神」を祀り、航海の安全を願っていました。

その海の守り神である宗像三女神の話に強い感動を覚え、清盛は高野山を下りました……。

その翌年、仁平元年（一一五一）清盛は不思議なことに安芸の国守として就任します。今の広島県瀬戸内で、当時の内海交通の要衝《ようしょう》地《ち》でした（安芸灘から呉《くれ》湾に通ずる航路〝音戸《おんど》の瀬戸〟は清盛の開削《かいさく》）。そこで厳島神社の神主・佐伯景弘《さえきのかげひろ》（広範囲の神領《じんりょう》管理）に出会いました。神主は清盛に対し、社殿修復を懇請《こんせい》しました。清盛は、祖父・正盛《まさもり》、父・忠盛の宋との貿易によって蓄《たくわ》えられた財力を支えに、厳島社頭の面目を一新する復興に着手します。

清盛はさらに出世し、保元三年（一一五八）には九州全域の最高責任者「太宰大弐《だざいのだいに》」に任ぜられました。そして本格的に宋との交易を拡大しました。

お経の奉納、『平家納経』

清盛は、自分の出世は厳島の神々、菩薩の加護によるものと深く感じ、それに応える社殿復興に力を注ぐとともに、平家一門の繁栄、極楽浄土欣求《ごんぐ》を奉納経《ほうのう》＝『平家納経』に託しました。

一門の人々三十三人が結縁者《けちえんしゃ》となり、法華《ほけ》経《きょう》（〝開経《かいきょう》〟の無量義経《むりょうぎきょう》と〝結経《けっきょう》〟の観普賢経《かんふげんきょう》を含む）三十巻、阿弥陀経《あみだきょう》一巻、般若心経《はんにゃしんぎょう》一巻、それに清盛願文《がんもん》一巻を加えて合計三十三巻を書写し、納経しました。三十三巻としたのは厳島大明神の本地仏が十一面観世音菩薩とされ、観音三十三応身《おうじん》に因《ちな》んでいます。

願文は、「弟子清盛敬白……」という書き出しで七百九十四文字の中に納経の動機と願意が言葉を選び書かれています。その要約を記します（平家納経・白畑よし訳　参照）。

「安芸国伊都岐嶋《いつきしま》（＝厳島）大明神は周囲を海に囲まれた蓬莱山《ほうらいさん》のような霊地である。その霊地にある社殿は金殿玉楼《きんでんぎょくろう》のようであり、尊い霊験《れいげん》は素晴らしい。清盛はこの伊都岐嶋大明神を敬い家門の繁栄を永く保《たも》つことができた。今、御加護により現世の願いは充足した。よって来世においても安楽を願いたい。

いい伝えによれば、当社の神々は観世音菩薩の化身とされる。したがって明神の宝前《ほうぜん》に平家一門、清盛をはじめ、子息、家僕、縁故の者、法華経一品《ぼん》一巻を分担して書写し、善美を尽くし、ここに一門の者が力を合わせて完成させた。花敷蓮現《かふれんげん》の経文、玉《ぎょく》軸《じく》、綵牋《さいせん》の経巻、功徳利益多からんこと

平成23年11月9日に厳島神社で行われた千僧供養の光景。
（写真提供：大聖院）

を」
清盛の願意が切々と書き綴《つづ》られています。納められた経典の文字は銀、群青《ぐんじょう》などの色を使い分け、当時の能筆家《のうひつ》が書写、軸先には水晶を用い、飾り金具は精巧、隅々《すみずみ》にまで細やかに心をつくしています。

大聖院

長寛二年（一一六四）、「千僧供《せんそうく》養《よう》」を行い、清盛自らが奉納しました。

この時代より明治まで、厳島大明神を拝むのは神主、大聖院座主《だいしょういんざす》、多くの社僧でした（『社家供僧内侍并《ならびに》諸役人神人之名簿』に百人を超える名があります）。「大聖院」は、厳島神社の諸事を統括する「別当《べっとう》寺院」です。大聖院の歴史は古く、弘法大師《こうぼうだいし》（空海）が宮島の弥山で求聞持《ぐもんじ》修行を

『平家納経』見返し絵の写し（中村佳睦画）

されるときの開基《かいき》です（八〇四年）。また、厳島神社の財政、建築などの修繕《しゅうぜん》、事務をつかさどる本願所《ほんがんしょ》「大願寺《だいがんじ》」もおかれ、厳島大明神は隆盛を極めました。

●厳島神社と弁才天

厳島神社というと、弁才天《べんざいてん》（弁財天とも）のイメージが強いです。越前《えちぜん》の気比神宮《けひじんぐう》と安芸の厳島神社とは、一方は北陸、一方は西海と住するところは異なりますが、往昔《おうせき》より朋友で

二臂弁才天

あり、ともに密教を守護する神としてそれぞれ金剛界曼荼羅《こんごうかいまんだら》と胎蔵曼荼羅《たいぞう》とにたとえられました。神仏習合が進むと厳島大明神は、胎蔵曼荼羅にある弁才天と習合し、信仰されるようになりました。

八臂弁才天

弁才天には、二臂《にひ》（二本の腕）で琵琶《びわ》を持つお姿と、八臂《はっぴ》（八本の腕）にそれぞれ武器を持ち、頭上に蛇体の宇賀神《うがじん》をい

安芸宮島弁才天と清盛勢を描いた浮世絵。
（大願寺蔵）

宮島杓子（大願寺のもの）

だくお姿の様式に分かれますが、厳島神社にお祀りされていた尊像は後者です（秘仏、明治時代の廃仏毀釈《はいぶつきしゃく》以後、大願寺にお祀りされるようになりました。毎年六月十七日ご開帳）。

　しかし、琵琶を持つ弁才天のお姿も、あわせて尊ばれています。厳島の市杵嶋姫命は、際立った美人の女神として知られ、琵琶を持つ弁才天のイメージとも重なりあい、琵琶を弾き愛《あい》嬌《きょう》と才能をのばす神、財を生む神として人々に親しまれるようになりました。

　この弁才天の琵琶について、次のようなお話があります。江戸時代の寛政年間（一七八九～一八〇〇）のお話です。

　厳島では昼と夜に釣鐘《つりがね》を打って人々に時

を知らせるお寺がありました。「神泉寺《じんせんじ》」です。
しかし、人々は正しい時を知らせてくれる寺

弁才天（大願寺蔵）中田江春画

と、親しみを込めて「時寺《ときでら》」と呼んでいました。その寺に一人の修行僧がいました。僧名を誓真《せいしん》といいます。誓真は村中の人々のために、いくつかの井戸を掘りあて、人々から慕われていました（その井戸の傍《そば》には現在も誓真地蔵が祀られています）。

厳島は神の島として木を切ったり畑を作ったりせず、死者さえも島には埋葬しませんでした。人々は慎み深く、その日その日を暮らしていました。誓真はどうしたら人々の暮らしが少しでも潤《うるお》うことができるかと、いつも考えていまし

た。

ある夜のことです。誓真は夢の中で弁才天が水辺の岩に座して琵琶を奏《かな》でているお姿を見ました。その音色と姿にうっとり見とれていると琵琶がだんだん杓子《しゃもじ》に似てきました。そして目が覚めました。誓真は杓子を作れという弁才天の啓示ではないかと思いました。そこで夢の中で見た美しい形の杓子を作り人々に配ると、使いやすさ、形の優雅さが評判となり、「めし取る」「すくい取る」ということから幸運・勝運を呼び込む縁起物として厳島を訪れる人々の土産（「宮島杓子」）となり、島を潤す産業の一つとなりました。

――善を積み、神明《しんめい》に加護を請《こ》い、罪悪を懺《さん》悔《げ》して仏菩薩に帰依《きえ》した清盛。人々の暮らしを少しでも安楽を願った誓真。厳島は神と仏が共鳴し合う、世界に誇る美しい神仏の霊場です。

十四の語り

八幡《はちまん》さま・その①

●宇佐神宮《うさじんぐう》＝全国の八幡さまの総本社《そうほんしゃ》

初詣、お宮参り、七五三等、日本人には喜びの行事、成長の節目に神社仏閣に参り、喜びと感謝を分かち合う文化があります。

全国の寺社は合わせて約十六万（各約八万ずつ）。中でも八幡社は約一万社、お稲荷《いなり》さんと同じくお社《やしろ》の多い神さまで、お寺の鎮守《ちんじゅ》社としても祀《まつ》られています。それは、千三百年の長い

弥勒大仏（極楽寺）
元・弥勒寺の本尊仏であった。

年月、神と仏が共に歩み、共に祀られた神仏《しんぶつ》習合《しゅうごう》（神と仏の共生）の形によるものでした。

八幡信仰の始まりは九州・大分の宇佐神宮《うさじんぐう》（宇佐八幡宮）で、全国の八幡さまの総本宮と崇められています。明治までは宇佐神宮の境内《けいだい》に神を拝む神《じん》宮寺《ぐうじ》である弥勒寺《みろくじ》（本尊・弥勒大仏）をはじめ、薬師如来のお堂や僧坊、三《さん》重塔《じゅうのとう》がありました。

宇佐神宮・大鳥居

その弥勒寺には鎮守神として祇園《ぎおん》社（八坂《やさか》社）が祀られました。明治の廃仏毀釈《はいぶつきしゃく》により現在は弥勒寺に関する建物は全てなくなりましたが、宇佐神宮では仏教の不殺生戒《ふせっしょうかい》（生きものを殺さない）に基づく放生会《ほうじょうえ》（生類を山や池に放す）の儀式が、現在も続いています（毎年八月十五日）。
お宮の中にお寺があり、そのお寺を守護するため、別のお宮が祀られます。
このように、神と仏が共存し合う祭事の形は、

宇佐神宮・南中楼門（勅使門）

宇佐神宮から始まったのでした。

○八幡神と大神比義《おおがのひぎ》

古来より日本では自然の中に神を見出し、人々はそれを心の拠《よ》り所としてきました。形のない神々を祀るため、地域の神社、氏族の神社、民衆の神社が建てられました。たとえば鹿《か》島《しま》（茨城）、香取《かとり》（千葉）、大三輪《おおみわ》（奈良）、住吉《すみよし》（大阪）、出雲《いずも》大社（島根）などがあり、その頂点として伊《い》勢《せ》皇大神宮（三重）があります。

しかし、宇佐神宮は他の神社とは異なります。神霊となった応神天皇《おうじんてんのう》（八幡神）や、神功《じんぐう》皇后《こうごう》といった実在の人物を祀る神社として発展、栄えてきたからです。

さて、八幡さまの起源を象徴的に説く、二つのお話をご紹介いたします。

宇佐神宮・呉橋

宇佐神宮・菱形池

一つのお話は、欽明天皇《きんめい》（五〇九〜五七一）の頃のこと……。豊前《ぶぜん》（大分県北部）の国司《こくし》がここ数日、東の空にピカピカと金色の光が赫《きらめ》くのをあやしいと思い、いぶかしく眺めていました。そこで、調べるため、東に住む宇佐池守《うさのいけもり》という三百歳の翁《おきな》のところに使者を使わし尋ねました。

すると翁は、「ここより東の宇佐に五百歳の大神比義《おおがのひぎ》という翁がいる。彼に問うように」と答えました。そこで使者は比義翁《ひぎのおきな》を訪ねました。

比義翁は、「この先に住む日足浦《ひあしのうら》の大神波知《おおがのはち》は八百歳なので、光の源が何であるか知っているに違いない」と言いました。

使者はさらに東へと進み、波知翁《はちのおきな》を訪ねたのです。すると波知翁は、「この南に御許《おもと》という山（馬城峰《まきのみね》）がある。その山に昔、八幡という人が行き来していた。今この人が来世を利《り》するために神となって御許山に顕《あらわ》れている。光はそのめでたい瑞相《ずいそう》（前触れ）に違いない」と教えてくれました。

使者は喜び、勇《いさ》んで御許山に登ると、山頂に三つの巨石があり、その巨石の上に大鷹がいて毎朝飛翔し、金色の光を放っていたのでした……（『宇佐宣託集』）。

このお話に登場する大神比義という翁が、もう一つのお話での重要人物となります。では、もう一つのお話を紹介しましょう。

宇佐郡菱形池《ひしがたいけ》の辺り、小倉山のふもとに、身体は一つなのに八つの頭を持つ鍛冶《かじ》という翁が住んでいました。人々がこの鍛冶翁《かじのおきな》の不思議な姿を見に行くと、五人で行けば三人は死に、十人で行けば五人は死ぬ、そのため人々は恐れて誰も行かなくなりました。

そこで大神比義がこれを確かめに行ってみると、鍛冶翁の姿はなく、金色の鷹（鍛冶翁の変化した姿）が一羽、木の上に止まっていました。比義は祈り、「誰かに鷹の姿に変えられたのか、それとも自分から鷹の姿になったのか」と問いました。すると忽《たちま》ち金色の鳩となって比義の袂《たもと》の上に降り来て、止まりました。これは神が変身されていると確信した比義は、五穀《ごこく》を断《た》って籠《こも》り、給仕《きゅうじ》をし、祈り続けました。

その三年後の欽明天皇三十二年（五七一）二月十日、比義が御幣《ごへい》を捧げ、「もしも神であるならば、我が前に顕《あらわ》れ給《たま》え」と念じると、忽ち三歳の小児が顕れ、竹の葉の上に立って言葉を発しました。

「辛国城《からくにのしろ》（大隅国＝現在の鹿児島県東部と奄美郡島にあった城）に〝八流の幡《はた》〟を天降《あまくだ》して、我は日本の神となった。一切の衆生《しゅじょう》を何事か心のままに救うため、神道の神として顕れたのである」

と。しかも日本の人皇第十六代（神代と区別して人皇）の誉田天皇《ほんだすめらのみこと》（＝応神天皇）であるとおっしゃったのでした…（『宇佐宣託集』）。

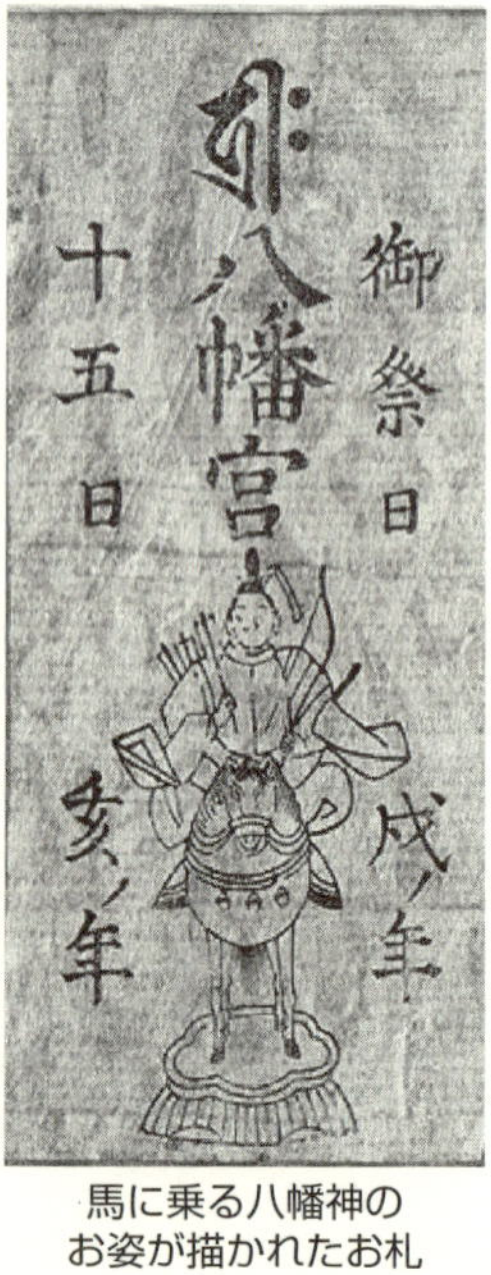

馬に乗る八幡神の
お姿が描かれたお札

八幡神が古くは「ヤハタの神」とよばれたの

は、この伝説にある「八流の幡」に由来するともいわれています。

八幡神と託宣《たくせん》

さて、比義のもとに顕れた神は、比義と語り合い、他の者はいっさい聞くことができませんでした。比義は、御許山に向かい、幣帛《へいはく》を捧げ、神の言葉を受けたといいます。比義がどのような人物であったかを特定することはできませんが、宇佐の地、特に御許山（馬城峰）を中心に宗教活動をしていた人であることは確かです。

ちなみに現在の宇佐神宮は、この御許山と向き合うように建てられています。

ところで、前述の二つ目の伝説の冒頭に登場する鍛冶翁は、人々に死をもたらす恐ろしい存在ですが、その鍛冶翁を比義が確かめに行ったことが、八幡神が顕れるきっかけとなっていることは、興味深く感じられます。

古代ギリシャ神話に登場する「牧神パン」も、人々に恐怖と混乱をもたらす荒ぶる神で、その名は英語の「パニック」の語源にもなっていますが、古代ギリシャ人はその荒ぶる神をあえて祀ることで、人々を守る神へとその性格を変質させています。国や時代が異なっても、神話には似たところがあります。そして歴史はこのような神話の世界から作られてきました。恐ろしい鍛冶翁の存在が、八幡神が顕れるきっかけとなっていることは、そのようなことを思い出させてくれます。

現在も、鍛冶翁が出現した地は「三ツ井戸」とよばれています。

さて、九州は地理的な関係から、多くの渡来人（中国・朝鮮半島）が移住しました。彼らは、仏教、道教、儒教、種族の神々を信仰するとともに、亀の甲を焼き、できた裂け目で吉凶を占う等、巫女《みこ》のお告げを聞く（託宣《たくせん》）シャーマニズムの信仰も大切にしていました。大神比義も、そのようなシャーマニズムの信仰の中で生きていた人であったのだと思います。

大阪・羽曳野にある応神天皇陵

前述の二つの伝説とは異なる伝承では、欽明三十二年（五七一）、一人の神が馬に乗って御許山に顕れ、次のお言葉を発して、示現《じげん》（霊験）を示されました。

「われは誉田天皇《ほんだのすめらみこと》（応神天皇）広幡八幡麻呂《ひろはたやはたまろ》なり。わが名をば護国霊験威力神通大自在王菩薩《ごこくれいげんいりょくじんつうだいじざいおうぼさつ》と申す」

このようなシャーマニックとも言える示現から、八幡神への信仰が誕生し発展していきます。

八幡神と東大寺大仏

八幡神の存在が広く知られてくる中、宇佐一族の中から、法連《ほうれん》と名乗る医術にたけた僧侶がでます（続日本紀《しょくにほんぎ》・大宝三年〈七〇三〉九月条）。人々は弥勒菩薩の化身として彼を崇め、心服《しんぷく》しました。

その法連の弟子に、国東《くにさき》半島の山々で修行した仁聞《にんもん》菩薩がいます。不思議な法力《ほうりき》を示すところから「八幡神の化身」と親しまれました。

このような環境の中、聖武《しょうむ》天皇の神亀二年（七二五）、小倉山に八幡宇佐神宮の社殿が建立され、天平十五年（七三八）になると、神を仏教で拝む神宮寺（弥勒寺）が宇佐神宮の中に建《こん》立《りゅう》されました。

僧形八幡神
四国霊場・神恵院本尊絵図
（江戸期・お砂踏み本尊掛け軸）

宇佐神宮の祭神は八幡大神（応神天皇）、比売《ひめの》大神《おおかみ》（多岐津《たきつ》姫命《ひめのみこと》・市杵嶋《いちきしま》姫命・多記理《たきり》姫命）、神功皇后（息長帯《おきながたらし》姫命／神功皇后は応神天皇の母。また応神天皇は九州筑紫《つくし》生まれ）で、実在した人間を神（神霊）として祀る日本初の神社が誕生しました。

宇佐神宮は皇室の先祖を祀る神社として、伊勢神宮と並ぶ特別な存在として威力を発揮しました。その始まりが東大寺大仏造立《だいぶつぞうりゅう》を援助する神のお告げ（神託）でした。

神亀二年正月二十七日、八幡神は、次のように託宣しました。

「未来悪世の衆生を救済するため薬師、弥勒の二仏を八幡神の本尊とする。そしてそのために光明真言《こうみょうしんごん》を唱える」

応神天皇の霊神・八幡神が自ら薬師、弥勒を祀ることを告げる中、天平十五年（七四三）、聖武天皇は毘盧舎那《びるしゃな》大仏造顕《ぞうけん》の詔《みことのり》を発します。そして天平十九年、宇佐神宮に毘盧舎那仏造立の祈願をしました。

その時、八幡神は、

「神我《かみわれ》天神地祇乎《あまつかみくにつかみを》率伊左奈比天《ひきいいざないて》、必《かならず》成奉无《なしまつらん》、事立不有《ことたちあらず》銅湯乎《どうのゆを》水止成《みずとなし》、我身遠《わがみを》草木土尓《くさきつちに》交天《まじわりて》、障事無久奈佐牟止《さわることなくなさむと》……」

大内神輿
（宇佐神宮蔵）

と、我国の天神地祇《てんじんちぎ》（あまつかみ・くにつかみ）のすべてを率いて必ず成功させると託宣。聖武天皇は感激なさいました。

天平二十一年になると、大仏鋳造《ちゅうぞう》に必要な

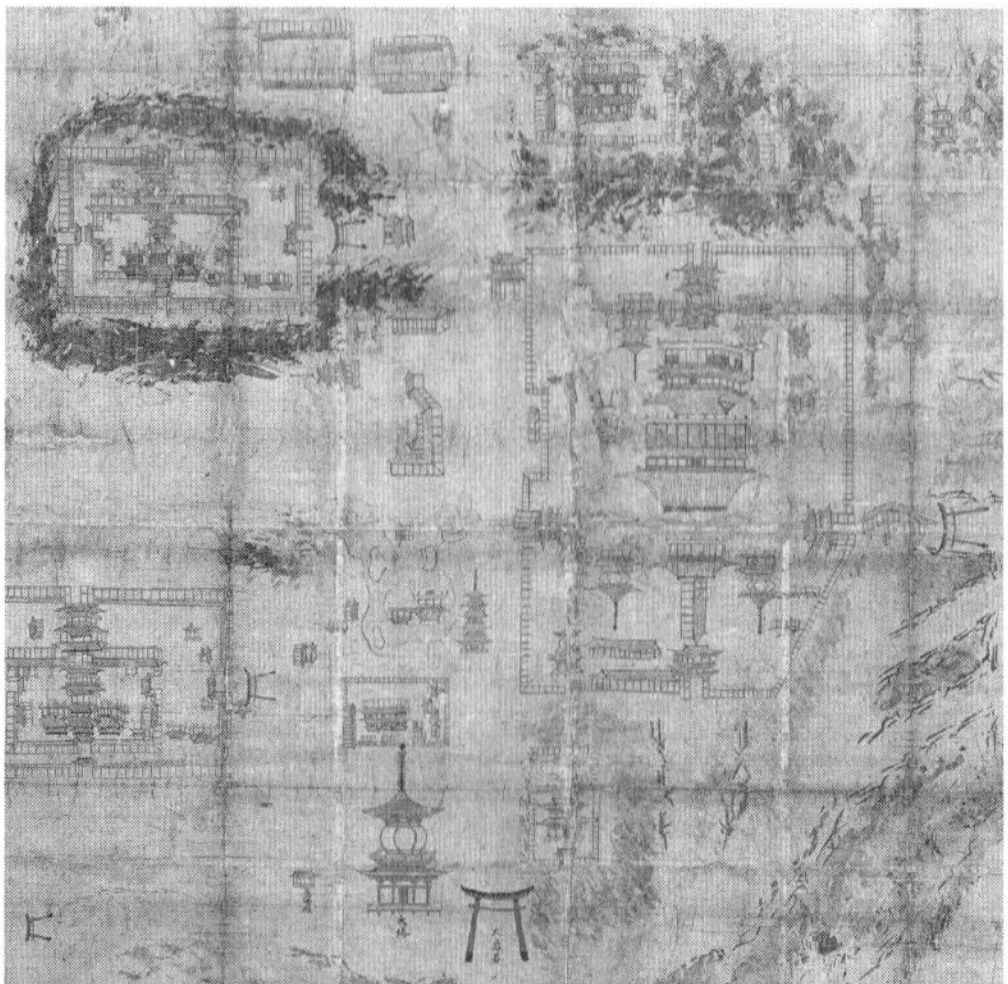

「宇佐宮古図」
（宇佐神宮蔵）

金（鍍金《ときん》）が不足しました。使者を唐に遣《つか》わそうとして八幡神に道中の安全を祈ったところ、八幡神は「その必要なし」と予言を下しました。そしてこの年の二月二十二日、陸奥守《むつのかみ》敬《きょう》福《ふく》が金九百両を大仏造立として献上しました。

このように東大寺毘盧遮舎那仏造立は、八幡神の度重《たびかさ》なる神託を受け、工事が進みました。

天平二十年十二月、八幡宮は神輿《みこし》に乗り完成間近になった大仏さまを拝むため九州宇佐を出発しました（これがお神輿の起源）。十二月十八日、大和の平群《へぐり》の梨原宮《なしはらのみや》に寝殿《しんでん》を造り八幡さまをお迎えしました。これが後に、東大寺鎮守社八幡宮（手向山《たむけやま》八幡宮）となりました。

東大寺は全国の国分寺《こくぶんじ》と国分尼《に》寺の総本山として活動します。その東大寺を通じて八幡宮は全国の国分寺、国分尼寺を守護することとなり、鎮護国家の神の座を確立したのでした。八幡さまと東大寺がこのように深く結びついた縁は、東大寺良《ろう》弁《べん》、大仏勧進《かんじん》僧行基《ぎょうき》の活躍によるものでした。

手向山八幡宮

次項では、僧侶と八幡信仰のかかわりをお話いたします。

十五の語り

八幡《はちまん》さま・その②

●八幡さまは「菩薩《ぼさつ》」

八幡神が仏とつながりを持つ契機は放生会《ほうじょうえ》を行なったことにありました。それは、養老四年（七二〇）日向《ひゅうが》・大隅《おおすみ》（現在の鹿児島県）の隼人《はやと》族が大和の政権に謀反《むほん》を起こしたことが原因でした。これを鎮めるために国司《こくし》は、宇佐《うさ》八幡宮に鎮圧の祈願をしました。八幡神は神託《しんたく》を下し征討軍を助けました。その結果多くの隼人が殺戮《さつりく》されたのです。

八幡神は神自身のお告げによって多くの死者が出たことを悔やみ、死者の霊を鎮魂するために放生会を行ないました。放生会は釈尊の説かれた不殺生戒《ふせっしょうかい》（命あるものを殺さない）の教えに基づく仏教行事です。捕らわれている生類を解き放し、生きとし生ける者の命を尊ぶ法会《ほうえ》で、その功徳を死者に手向けるものでした（各地の八幡宮の境内には放生池や川があります）。

八幡さま・その②

やがて、宇佐八幡神は東大寺毘盧舎那仏《びるしゃなぶつ》（大仏）の建立《こんりゅう》を奉賛《ほうさん》するため、神輿《みこし》に乗られ、奈良の地に上《のぼ》られます。そのことは、八幡神が仏教を喜び迎える神（鎮守神《ちんじゅ》）であることを広く知らしめました。そして朝廷より「護国霊験威力神通大菩薩《ごこくれいげんいりょくじんつうだいぼさつ》」の尊号が奉《たてまつ》られ、八幡神が国を護る神であり、衆生《しゅじょう》を済度《さいど》する菩薩である（八幡大菩薩）、という神と仏が一つのかたちとなって（習合《しゅうごう》）信仰される基礎になりました。

さて、平安初期、天台宗を開いた最澄は唐に渡る時、宇佐八幡宮に航海の無事を祈り、帰国後の弘仁五年（八一四）の春に参籠《さんろう》して八幡神に法華経を説き、斎殿《さいでん》（潔斎《けっさい》のための建物）を開いて袈裟《けさ》（法衣）を授けました。空海もまた入唐《にっとう》にあたり、八幡神に祈り、縁故を結びます。天台宗・真言宗を開教した二人は、時期はずれますが、共に京都北山の清滝川《きよたきがわ》沿いにある高雄山寺《たかおざんじ》に滞在しています。

ここには平安遷都《せんと》に尽力した和気清麻呂《わけのきよまろ》の廟《びょう》があります。

和気清麻呂は宇佐八幡神から、「一伽藍《がらん》を建て、万代安穏《あんのん》を祈願せよ」という神託を受け、天応一（七八一）に神願寺を建てました（建立の場所は不明）。その後、高雄山寺と神願寺が合わせられ官寺（国分寺と同じ）となり、その寺名が「神護国祚真言寺《じんごこくそしんごんじ》」、略して神護寺《じんごじ》となりました（天長一・八二四年）。この高雄山寺と呼ばれていた時代、最澄は法華経を講じ、空海は東寺を賜《たまわ》るまでの十四年間、この高雄山寺に住し、真言の法間を広げる活躍をしました。

空海が住していた大同四年（八〇九）十二月十日宇佐八幡大菩薩が高雄山に影現した話があ

ります。

「空海と八幡神（八幡大菩薩）が仏法弘道についで色々と語り合い、それではと、八幡神が帰られる時、再会を期するためお互いにお姿を描きあいました。空海は八幡神のお姿を写し、八幡大菩薩は空海のお姿を描かれました。空海の描いた八幡大菩薩は僧《そう》形《ぎょう》で、左手に水晶の念珠、右手に錫杖《しゃくじょう》を持って座し、その上に日輪《にちりん》があるお姿でした。空海と八幡神が描かれた絵は神護寺の金堂《こんどう》内に掛けられ、〝互《たがい》の御影《みえい》〟と呼ばれていました」（『弘法大師行状絵伝』）

『弘法大師行状絵伝』（法楽寺蔵）より、空海と八幡神がお互いの姿を写し合った〝互いの御影〟のエピソードの絵図。

この話がもととなり、八幡神は僧形の姿で、画像や尊像として八幡宮に祀《まつ》られました。

大安寺の鎮守

奈良の大安寺《だいあんじ》は南都《なんと》の七大寺の一つで、遣唐《けんとう》使《し》として唐に渡った道慈《どうじ》をはじめ、東大寺の落《らっ》慶供養《けいくよう》の導師をつとめた菩提僊那《ぼだいせんな》や最澄、空海もこの寺で学問を学び修行をしました。大安寺は当時、大陸文化を学ぶ窓口となっていた大きな寺でした。

そこに行教《ぎょうきょう》という聡明な僧がいました。行

教は藤原良房《よしふさ》の命を受け宇佐八幡宮に参籠し、一心に国の平安を祈念しました。そこで八幡神の神託を受けます。「我レ、王城ヲ護《まも》ラムガ為ニ親《した》シク遷《うつ》ラムト思フ。而《しか》ルニ、汝《なんじ》ニ具《とも》シテ行カムト思フ」と。行教は恭《うやうや》しく礼拝《らいはい》を繰り返しました。すると行教の着している衣に金色の三尊（釈迦・文殊・普賢）のお姿になった八幡神がのり移りました。行教は大安寺にもどり、僧房に衣を安置して供養しました……（『今昔物語・巻十二―十』）とその時の様子を記しています。

行教の像
（国重要文化財・神應寺蔵）

　現在、大安寺の山門の向かい、百メートル先に元石清水《もといわしみず》八幡宮と呼ばれる「社《やしろ》」があります。その社殿の階段には隙間《すきま》なく鳩の焼き物が

元石清水八幡宮・八幡神社（旧大安寺境内）の鳩の焼き物

ならんでいます。この鳩にまつわる話がありま
す。

昔々、平安という時代に行教和尚が大安寺で修行をしておられました。ある時、師の命で筑《つく》紫《し》の宇佐八幡宮に行き、九十日お籠《こも》りして『大般若経』という厖《ぼう》大《だい》な経典を読み上げたそうです。

その時八幡さまが行教に下られ「自分は都のそばに移り住み、王城を守護するので連れていくように」と言われたそうです。行教和尚は八幡さまと一緒に大安寺に帰ることにしました。

不思議なことに船に乗っている時も、歩いている時も、いつも二羽の鳩が前になり、後ろになり、つき従って離れることがありませんでした。

やがて、なつかしい大安寺のお寺に帰り着くや二羽の鳩はそばの森にとまり、巣作りをしました。そのことから人々はこの森を「鳩留《とどま》りの森」と呼びました。

行教和尚はこの森に八幡さまの「お社《やしろ》」（元石清水八幡宮・八幡神社）を建て、大安寺の大切な鎮守としました。それ以来、大安寺は多くの人々がお参りし、元石清水八幡宮も栄えたそうです（古老の話）。

○石清水八幡宮

やがて行教は、八幡さまのお告げに従って都を目指して大安寺を後にします。

宇治川、桂川、木津川の三つの川が合流する淀《よど》川の左岸にさしかかった時、お連れしている八幡神が左岸の男山（標高一四二メートル）に祀るよう告げられました。行教は山筋に沿い、

登ってみると、そこには薬師如来を本尊とする石清水寺がありました。行教はそこにとどまり、八幡神の新しい社を建立すべく朝廷に言上しました。石清水八幡宮の社の名前はこのお寺によるものと言われています。

石清水八幡宮・本殿総門

行教は自ら応神《おうじん》天皇の位牌《いはい》を祀る応神寺（後の神應寺）を創建して、八幡宮の祭事をつとめました（行教の紀氏が代々祠官《しかん》）。以来、石清水八幡宮は都の裏鬼門《うらきもん》（南西）を治める王城鎮護神として鎮座され、祭神の応神天皇（八幡神）、比咩大神《ひめのおおかみ》（宗像三女神）、神功皇后《じんぐうこうごう》が共に祀られていることから、皇室の祖神として伊勢神宮と並べて二所宗廟《にしょそうびょう》として天皇の行幸《ぎょうこう》、上皇の御《ご》幸《こう》の篤《あつ》い信仰を受け、繁栄の道を歩みます。

石清水八幡宮に参る道は七つの谷筋があります。そこには男山《おとこやま》四十八坊と呼ばれる寺、

僧形八幡神を最上段に描いた「八幡垂迹曼荼羅図」
（石清水八幡宮蔵）

僧坊が建ち並びました。これらの僧坊の社僧、寺僧が石清水八幡宮の祭事や行事の運営にあたり、八幡宮寺の形態を成していきました。

徒然草《つれづれぐさ》に仁和寺《にんなじ》の僧が石清水八幡宮寺に参拝する話があります。

仁和寺にいた僧侶は石清水八幡宮に参詣したことがなく、永年お参りをしたいと思っていました。ある日、急に思い立って一人で参詣に赴《おもむ》きました。男山の麓《ふもと》には高良大明神《こうらだいみょうじん》の社をはじめ、極楽寺と数々の坊もあり、それらを一つ一つ参詣、やっと念願の八幡さまをお参りできたと喜び、仁和寺に帰りました。

そして、寺の者に「何やら皆山へ登っていたが、いったい山の上には何があるのですか？私も行ってみたいのですが、神さま詣《もう》でが目的でしたので山の上までは行きませんでした」。

八幡神の社殿は山頂にあり、そのことを知らなかったという笑い話が載っています。

ちょっとしたことでも人の話を聞き、わからなかったら案内を頼むことが必要だということを物語は教えていますが、男山の周辺には坊、社が建ち、八幡宮と間違えるほどにぎわっていたようです。茶人、書家としても有名な松花堂昭乗《しょうかどうしょうじょう》が庵を構え、小堀遠州《こぼりえんしゅう》や本阿弥光悦《ほんあみこうえつ》などの文化人が集いました。

明治の神仏分離によって、男山の四十八坊は悉《ことごと》く移転、取り壊されました。

八幡さまと源氏

武家が台頭していく平安時代末、清和源氏《せいわげんじ》出身の源義家《みなもとのよしいえ》は石清水八幡宮で元服《げんぷく》し、「八幡太郎義家」と名乗りました。

『平家物語』に、有名な那須与一《なすのよいち》の話があります。平氏と源氏、激しい戦いが海や陸で繰り広げれられ、決着もつかず日が暮れかかり、今日の戦いもこれまでという時、平氏側から小舟

那須与一を描いた奉納絵馬
（高知・竹林寺）

に扇《おうぎ》の的《まと》を立てた小舟が一艘《そう》漕ぎ出されました。「この扇を射《しゃ》してみよ」と言わんばかりです。

誰ぞあの扇を射《い》る者はないかと坂東武士、那須与一に命が下りました。沖には平家が船を一面に並べ、渚には源氏がくつわを並べてそれを見ています。

与一は馬を海に入れ、しっかり弓を構え、目をふさいで「南無《なむ》八幡大菩薩、別しては我国の神明《しんめい》日光の権現《ごんげん》、宇都宮那須温泉大明神《おんせんだいみょうじん》、願わくばあの扇の真中を射させてたばせ給《たま》へ……」。

キリリッと弦《つる》を絞《しぼ》り放ちました。矢は長鳴りをして見事に扇の要際《かなめぎわ》を射って、扇は春風に一もみ二もみもまれて海へ。沖の平氏は舷《ふなばた》を叩き、陸の源氏は箙《えびら》を叩いて与一を称えました

「石清水八幡宮行幸絵図」
（石清水八幡宮蔵）
孝明天皇の石清水八幡宮行幸を描いた絵図。

……。

八幡神は弓矢神であり、幡は旗に通じ、旗は軍旗、強力な軍神、また武運の大菩薩として源氏の守護神と崇められます。

やがて源氏が鎌倉幕府という武家政治の政庁を鎌倉に開くと、源頼朝《よりとも》公は石清水八幡宮を勧請《かんじょう》（神さまの分霊をお招きして社を作ること）し、鶴岡《つるがおか》八幡宮を関東の総鎮守社としました。そして、将軍譜代の武士は皆各地に八幡さまを祀り、全国に数多くの八幡宮寺が誕生していきました。

八幡さまの精神で復興を成し遂げよう

八幡さまが仏と共存する物語を述べました。神と仏の共存信仰の姿は世界に誇れる特徴であり、神と仏が目標を共有し歩み始めた奈良時代、人々は貧しくとも力を発揮し、大仏建立という大事業を成し遂げました。

現代の日本では、大災害が発生し、政治が乱れ、経済が閉塞《へいそく》しています。そして、人々が自分の信仰の背景（目的）を見失った時、国民は押しなべて不幸です。

今、若い人々の中に、神と仏の信仰のあるべき姿を求めようという機運があります。それは必ず大きな力となって、日本の復興と繁栄を成し遂げるもとになることでしょう。

平成23年4月11日、鶴岡八幡宮で神職、僧侶、牧師が集い「震災復興祈願祭」を行なった。

十六の語り

明《みょう》恵《え》上《しょう》人《にん》と親《しん》鸞《らん》聖《しょう》人《にん》

●自力を歩む明恵上人、他力を歩む親鸞聖人

平安時代の末、平清盛《たいらのきよもり》は太政大臣《だじょうだいじん》に（仁安二年〈一一六七〉就任。その後、娘・徳子《とくこ》が高《たか》倉《くら》天皇の中宮《ちゅうぐう》になると（承安《しょうあん》元年〈一一七二〉）、清盛は朝廷《ちょうてい》内に並ぶ者のない権力者となりました。

財力、武力、権力、そのすべてを備えた平家一門は全盛期を迎えます〝平家にあらざれば人にあらず〟の言葉にその権勢ぶりがうかがわれます。

しかし、それとは裏腹に世の中は秩序を失い、政《まつりごと》は混迷していきます。そんな中、人々の生活に大きな影響を与えた二人の僧侶が承安三年（一一七三）に誕生しました。

一人は、仏法戒律復興に身を挺《てい》し、清僧《せいそう》と人々から慕《した》われた明恵上人《みょうえしょうにん》。もう一人は、当

時僧侶が妻帯することは女犯《にょぼん》として厳しく戒められていたにもかかわらず、公然と妻帯し、在家生活のままに往生《おうじょう》すべきことを体現《たいげん》した浄土真宗の創始者・親鸞聖人《しんらんしょうにん》でした。

一見対極にいるような二人ですが、実はよく似た境遇を歩んでいます。二人は共に、八歳の時には父母を亡くしたり別れたり（親鸞聖人の父は出家）し、九歳で郷里を離れます。明恵上人は京都北西にある高雄山寺《たかおざんじ》（神護寺《じんごじ》）に、親鸞聖人は北東に位置する比叡山に、それぞれ学びの場を求めました。

そして二人は、修行を通し悟りを得る「自《じ》力《りき》」の道と、阿弥陀如来の本願《ほんがん》によって往生する「他力《たりき》」の道に分かれていきました。

親鸞聖人と念仏の教え

親鸞聖人は京都・醍醐寺《だいごじ》近くの〝日野《ひの》の里〟「法界寺《ほうかいじ》」で、承安三年（一一七三）四月一日に誕生しました。幼名は松若丸《まつわかまる》、父は藤原氏の出身で日野有範《ありのり》、学問を職として朝廷に仕《つか》えていました。母は清和源氏《せいわげんじ》の八幡太郎義家《はちまんたろうよしいえ》の孫娘・吉光女《きっこうにょ》。両親を失った松若丸は、父方の前若《さきのわか》狭守範綱《さのかみのりつな》のもとに身を寄せ、翌年京都・青蓮《しょうれん》院《いん》の慈円僧正《じえんそうじょう》のもとで得度《とくど》しました。

親鸞聖人童形像（日野誕生院）

日野誕生院・本堂

慈円僧正はその時二十七歳、のちには天台座主《てんだいざす》をつとめ、日本初の史論『愚《ぐ》管抄《かんしょう》』を書き表わした学問と徳行《とくぎょう》の備わった高僧でした。

慈円僧正は、まだ遊びたい盛りであろう松若丸に、もう少し大人になってから出家をしたらどうかと諭《さと》します。すると松若丸は懐紙《かいし》を取り出し、側《そば》にあった筆で、

「明日ありと、想うこころの仇桜《あだざくら》、夜半に嵐の吹かぬものかは」

と書き、差し出しました。

〝明日に桜見をしようと先延ばしにしたら、夜半に嵐がきて花は散ってしまうかもしれません。明日という日には私がどうなっているのか誰にもわからないのです。もう決心しているのですから……〟という意味です。

親鸞聖人・産湯の井戸
（日野誕生院）

この歌に心打たれた慈円僧正は、幼い頭に剃刀《かみそり》をあて得度させ、弟子としました。のちに親鸞聖人の師となる法然上人《ほうねんしょうにん》がこれより少し前、「南無阿弥陀仏《なむあみだぶつ》」を称《とな》え続ける専修念仏《せんじゅねんぶつ》の

グセラー

パーリ仏典にブッダの禅定を学ぶ『大念処経』を読む

片山一良 著　定評ある著者による『大念処経』の訳に加えて、この世界の現象と本質を、ありのままに観るブッダの瞑想法を分かりやすく解説する。

二六二五円

ブッダ最後の旅をたどる

奈良康明 著　中村元訳『ブッダ最後の旅』をテキストにした三年におよぶ講義録！　ブッダの教えを当時の政治・社会状況を踏まえ読み解く。

二六二五円

これだけは知っておきたい般若心経の基礎知識

田上太秀ほか 著　般若心経の現代語訳と語句の意味をやさしく解説。さらに名僧たちの心経理解や、読経・写経の心得、人生に活かす心経の教えを紹介。

一五七五円

唯識こころの哲学―唯識三十頌を読む

多川俊映 著　唯識思想の根本聖典『唯識三十頌』（世親作）の教えを、奈良・興福寺の貫首である著者が、丁寧に、かつ重厚な語り口で説き明かす。

二一〇〇円

禅談　改訂新版

澤木興道 著　昭和の偉大な禅僧・澤木老師が、軽妙な語りで深遠なる仏教の世界を説き明かす。

二五二〇円

法華経新講

久保田正文 著

精読・仏教の言葉　親鸞〈新装版〉

梯　實圓 著　親鸞教学の第一人者が、『歎異抄』『教行証文類』など、親鸞の主要著作から選んだ重要句・重要語を原文・現代語訳付きで平易に解説。

一九九五円

『正法眼蔵』『永平広録』用語辞典

大谷哲夫 編著　道元禅師の二大書から仏語、人名、故事、成語等およそ四三〇〇項目を選択して分かりやすい解説を施した、道元思想理解に必備の辞典。

四二〇〇円

法華経・全28章講義　その教えのすべてと信仰の心得

浜島典彦 著　永遠の悟りを生きる「本仏釈尊」によって説かれた最高の教え＝法華経の全内容を、天台大師や日蓮聖人の解釈を紹介しつつ平易に解説。

二一〇〇円

仏教を学ぶ　日本仏教がわかる本

服部祖承 著　仏教伝来の歴史から各宗派の教えと特色、主な仏像、日常のおつとめ、坐禅の仕方など…日本人なら知っておきたい基礎知識を見開きでやさしく紹介。

一四七〇円

日本仏教十三宗ここが違う

安田暎胤・平岡定海 他共著　本尊や教義など共通の設問を通して各宗派や流派の相違をとらえる。

一八九〇円

梵字でみる密教　その教え・意味・書き方

児玉義隆 著

10円です。

道場を東山大谷《ひがしやまおおたに》に開いています。

法界寺・阿弥陀堂（国宝）

さて、松若丸が幼き日々を過ごした日野の里には、現在も、当時の姿を今に伝える法界寺があり、本尊の阿弥陀如来は、まろやかな童顔で定印《じょういん》を結び瞑想し、周囲の壁面には飛天《ひてん》が躍動的に飛翔する姿が描かれています。松若丸がいた頃は彩色も鮮やかで、眩《まばゆ》い仏さまの浄土そのものであったでしょう。

文政《ぶんせい》十一年（一八二八）、本願寺第二十代広如《こうにょ》宗主《しゅうしゅ》は宗祖・親鸞聖人の顕彰《けんしょう》のため法界寺と交渉を持ち、日野誕生講《たんじょうこう》をつくりあげました。そのことがもととなり、昭和六年に親鸞聖人・日野誕生院が建てられました。境内には産湯《うぶゆ》の井戸、胞衣塚《えなづか》、得度の歌碑《かひ》、松若丸のお姿等、由緒書もしたためられ整っています。

昨年度の大学入試センター試験の「倫理」に、親鸞聖人の「悪人正機《あくにんしょうき》」説を問う問題が出題されていました。「善人なおもて往生をとぐ、いわんや悪人をや」という『歎異抄《たんにしょう》』の有名な言葉についての選択問題でした。答えは、

「〝善人〟とは、自力で善を行なうことができると思っている人のことであり、〝悪

人〃とは根深い煩悩《ぼんのう》を自覚し、どんな善を成《な》そうと努めても、それが不可能であると思っている人のことである」
をもって正解としています。

悪人こそは往生するに相応《ふさわ》しい機根《きこん》（素質）があると説く『歎異抄』は現在の高校生にとっても必読書ですが、当時も「南無阿弥陀仏」と称《とな》えれば悪人でさえも救われるという親鸞聖人の教えに、多くの人が救いを求め、身をゆだねていきました。

明恵上人、お釈迦さまへの想い

明恵上人は、紀州《きしゅう》（和歌山）有田郡石垣吉《ありだのごおりいしがきよし》原《はら》で父・平重国《たいらのしげくに》、母・湯浅宗重《ゆあさむねしげ》の娘のもと、承安三年正月八日に生まれました。両親とも武士階級の出身でした。母は明恵上人が八歳の時に疫病《えきびょう》で亡くなり、父・重国も同じ年、源《みなもとの》頼朝《よりとも》が伊豆で挙兵《きょへい》した際に戦死。孤児となった明恵上人は母方の叔《お》父《じ》である高雄山寺（神護寺）の僧・上覚《じょうがく》に預けられました。

明恵上人誕生地「吉原遺跡」

その時の様子を伝記は、次のように記しています。

「九歳ノトキ、八月コロ高尾山ニノボル、親類ニハナル事カナシク覚エテ泣々馬ニノリテ登山ス」

（以下訳文）「鳴瀧川《なるたきがわ》に差し掛かると馬が立ち止まって水を飲もうとするので少し手《た》綱《づな》を引くと、歩きながら水を飲んで先を急いでくれた。それに比べ、親類の人々と別れるのが辛いと泣きながら振り返り振り返りしている自分は馬よりも劣っている。反省して恋慕《れんぼ》の心を振り切ってただ一筋に僧となって両親、親類縁、多くの人々を導くのだ」

恋慕の心に「発心《ほっしん》」を重ね合わせて自らの心を奮《ふる》い立たせる明恵上人、そこに僧侶になる素質が備わっていたことが、逸話《いつわ》の中に垣間《かいま》見えます。明恵上人が登った神護寺は平安時代、唐より帰朝《きちょう》した最澄、空海が活動拠点としたところでした。しかし、明恵上人が入寺する頃はかなり荒廃していました。この荒廃の復興に大きな力を注いだのが文覚《もんがく》上人で、上覚の師でした。

やがて明恵上人は、十六歳の時、東大寺戒壇院《かいだんいん》で上覚より具足戒《ぐそくかい》（「戒を守れ

明恵上人　樹上坐禅像（法楽寺蔵）

ば徳自《おの》ずから備わる」とされる、比丘《びく》になるための戒）を受けて完全な出家者となり、「成弁《じょうべん》」（のちに「高弁《こうべん》」。「明恵」は房号《ぼうごう》です）という法名《ほうみょう》を授けられ、本格的に密教の修行に入ります。しかし、教えとかけ離れた僧侶の現実を見て、「スベテ聖教《しょうぎょう》ノ本意ニアラズ」と空《むな》しさを感じます。

ある時、経蔵《きょうぞう》で、お釈迦さまが涅槃《ねはん》に入られる際に弟子たちに説いたというお経『遺教経《ゆいきょうぎょう》』に出会いました。読み進むうちに明恵上人は、「自分のためにお釈迦さまが、今、このように修行しなければならないということを説いてくださっている」と感激し、その感激はお釈迦さまへの恋慕となり、その想いが、自らをお釈迦さまの遺子《いし》、「御愛子《あいし》」であるという自覚になっていきました。

お釈迦さまは、『遺教経』を介して、明恵上人に呼びかけます。

「比丘（出家者）たちよ。私（お釈迦さま）が入滅《にゅうめつ》した後は、波羅提木叉《はらだいもくしゃ》（具足戒）が汝《なんじ》らの大師《だいし》（偉大な指導者）である。また比丘たちよ、なぜ頭を丸めたかを考えよ。木蘭《もくらん》の衣を着《ちゃく》し、鉢《はち》を持って食を乞《こ》うのが出家者だ。おごりや人を見下す心を持ってはいけない。足《た》ることを知らない者はどんなに富を持っていても貧しいのだ。逆に足ることを知る者はどんなに貧しくとも富んでいるのだ。これを知足《ちそく》という」

明恵上人はこのお釈迦さまの呼びかけへの答えとして、次の七文字をもって、自身の境地を表現しました。

「阿留辺幾夜宇和《あるべきようわ》」（万葉仮名《まんようがな》）です。

「人はこの七文字をもつべきなり。僧は僧のあるべきよう。俗は俗のあるべきよう。乃至《ないし》、帝王は帝王のあるべきよう、臣下は臣下のあるべきようなり。此《こ》のあるべきようにに背《そむ》くが故に一切悪《あ》しきなり」（『栂尾明《とがのお》恵上人遺訓《いくん》』四十九歳の頃）

明恵上人の庵があった白上山より湯浅湾を望む。
明恵上人はこの海を見てお釈迦さまやインドを恋慕した。

建久《けんきゅう》六年（一一九五）、明恵上人二十三歳、郷里の有田郡《ありだのごおり》の白上《しらかみ》の峰に庵《いおり》を建て、ひとり求道《ぐどう》の日々を送りました。今、庵のあった場所に立つと、穏やかな海に島々が点々と並び、淡《あわ》路島《じしま》もうっすらと見えます。美しい明恵上人の郷里です。ここでひとり静かに坐禅をし、お釈迦さまへの恋慕と思惟《しゆい》を深めていた明恵上人は、目の前に広がる海がお釈迦さまのおられた地、天竺《てんじく》（インド）に通じる道に見えたのでしょうか。

明恵上人は神護寺に戻り、天竺へ渡航してお釈迦さまの聖地（仏蹟《ぶっせき》）を巡礼するための計画を練《ね》りました。その計画を明恵上人が書き表わした『大唐天竺里程書《だいとうてんじくりていしょ》』が、現在、京都国立博

明恵上人「西白上遺跡」

物館にありますが、そこには、「長安《ちょうあん》の都からマガダ国・王舎《おうしゃ》城《じょう》まで五万余里、即《すなわ》ち八千三百三十三里十二丁也。一日八里歩けば、千日で王舎城に着く……」と、非常に具体的で緻密《ちみつ》な計算が記されています。

行間には、「印度ハ仏生国也　依恋慕之思難抑　為遊意計之　哀々マイラハヤ」と書かれてあり、どうしてもインドへ行って自分の目や耳、足でお釈迦さまのいらっしゃった風土に触

明恵上人御廟（高山寺）

れてみたいという強い願望の意気込みが伝わってきます。

インドへの渡航の準備が整うと、奈良の春日大社《かすがたいしゃ》に参籠《さんろう》し、神仏の加護を祈りました。すると、明恵上人の夢の中に春日明神《かすがみょうじん》が現われ、「海路危険極まりなし。陸路さらに危険。命なし。日本国に留まり仏道に励むべし」と告げられました。

しかし明恵上人は、インドへ行きお釈迦さまの聖地を参拝できるようにと、ひたすら春日明

神に懇請《こんせい》の祈りを捧げます。「ならば、わし（春日明神）がお釈迦さまの生涯をここに示そう」。春日明神は明恵上人に、絵解《えと》きの如くお釈迦さまの生涯や聖地の映像を見せ、説明してくれました。明恵上人は苦悩の末、インド行きを断念します。

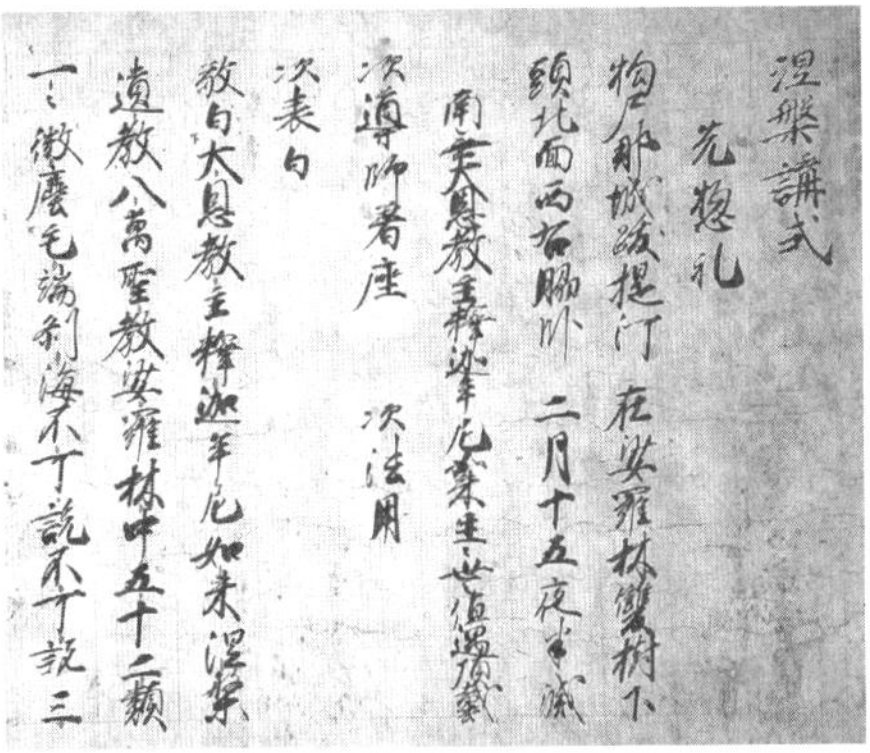
涅槃講式
先惣礼
拘尸那城跋提河　在娑羅林雙樹下
頭北面西右脇臥　二月十五夜半滅
南無大恩教主釈迦牟尼如来生々世々値遇頂戴
次導師着座　次法用
次表白
敬白大恩教主釈迦牟尼如来涅槃
遺教八萬聖教娑羅林中五十二類
一々微塵毛端刹海不可説不可説三

明恵上人自筆「四座講式」より、涅槃講式の一部（岡山・正楽寺蔵）

しかし、明恵上人はいつもお釈迦さまのお側近《そば》くに座し、お話を聞いているという心持ちでした。

二月十五日はお釈迦さま入滅の日です。その日はお釈迦さまを偲《しの》ぶ法要「涅槃会《ねはんえ》」が営まれます。ある年の二月十五日の涅槃会において明恵上人は、お釈迦さま入滅の前後のことを歴史的に描いた経典『大般涅槃経《だいはつねはんぎょう》』を、自分の言葉で訳し、「涅槃講式《こうしき》」というかたちにまとめ、読み上げました。それは臨場感あふれる表現で、「哀感腸を断ち悲涙袖《そで》を絞《しぼ》る……」と涅槃に入られるお

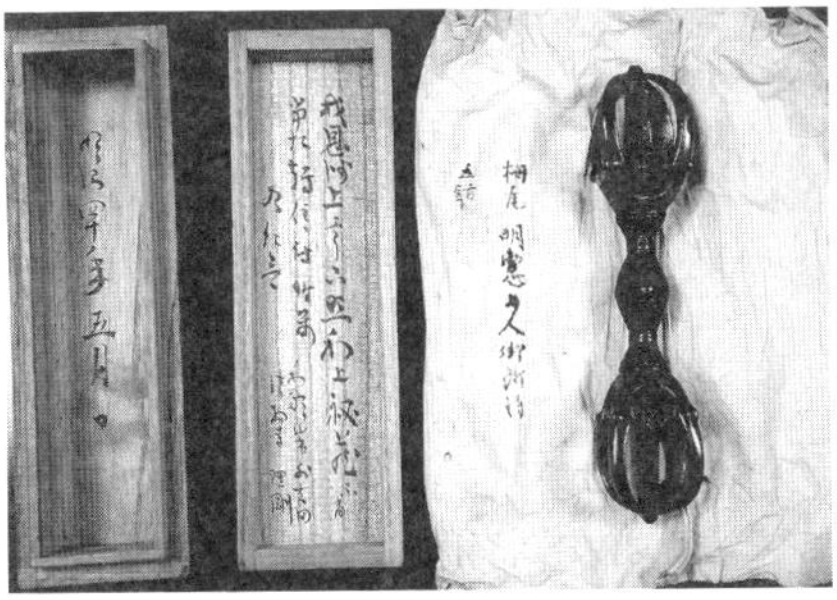
明恵上人が所持していた五鈷杵が、「四座講式」（国・重文）と一緒に岡山・正楽寺に伝わっている。

釈迦さまへの想いを切々と、時には哀愁を歌うように節をつけ、また短く潭々《たんたん》と深い言葉で語るのでした。

明恵上人の近くでこれを聞く者たちは〝自分は今、入滅されていくお釈迦さまのお側にいるのだ〟と、涙を流すのでした。

明恵上人は、いつもお釈迦さまと一緒であるという想いを持って、清僧の生涯を送ったのです。

●明恵上人と親鸞聖人にとって神仏とは

明恵上人と親鸞聖人は、共に、「和光同塵《わこうどうじん》」、すなわち仏が日本の神として現れる「本地垂《ほんじすい》迹《じゃく》」や「神仏習合《しんぶつしゅうごう》」の信仰が盛んな時代を歩んでいます。それゆえに明恵上人は、春日明神をはじめとする神々を、大変重んじられています。

一方、親鸞聖人は、そのような本地垂迹・神仏習合信仰が盛んな時代を生きつつ、念仏の世界に身を置かれます。親鸞聖人が作られた『浄土和讃《わさん》』の中には、

「南無阿弥陀仏をとなうれば
四大天王《しだいてんのう》もろともに
よるひるつねにまもりつつ
よろずの悪鬼ちかづけず」

とあります。〝南無阿弥陀仏を称《とな》えていれば、四天王をはじめとするすべての神々が、あなたをまもってくれるでしょう。夜も昼もまもり、病気や災難をもたらす悪鬼は近づけないでしょう〟という意味です。

親鸞聖人にとっては、「南無阿弥陀仏」という念仏そのものが、神であり、仏のすべてであったのでしょう。

十七の語り
賀《か》茂《も》社《しゃ》と鴨《かもの》長《ちょう》明《めい》

○鴨（賀茂）一族の信仰

「平安京」――心やすらぐ、心地良い響きです。穏やかで平和、安心で安全、二文字の中に人が求めてやまない思いが込められています。

延暦《えんりゃく》十三年（七九四）桓武《かんむ》天皇によって長岡《ながおか》京から現在の京都へ都が移されました。それから、明治に至るまで千年もの間、「日本の都」として様々な歴史を刻んできました。

平安京は「賀茂川《かもがわ》」「高野川《たかのがわ》」「白川《しらかわ》」の三つの川が作り出した扇《おうぎ》状の地に営まれました。

都が造営される以前、山代《やましろ》とも山城《やましろ》とも呼ばれていたこの盆地に、「賀茂（または鴨《かも》）」・「泰《はた》」という同族意識をもつ集団が、農耕を中心とした領域を形作っていました。

賀茂（鴨）の一族は北山《きたやま》の近くに、泰は南の稲荷山《いなりやま》に、五穀豊穣《ごこくほうじょう》を祈るための氏神《うじがみ》を奉じていました。『山城風土記《ふどき》』（地方の事柄を記した文）の逸文《いつぶん》（部分的に残っている文章）に、賀茂社について語る文言があります。

「可茂《かも》（賀茂）の社の可茂という語の由来は次の通りです。天照大神《あまてらすおおみかみ》の孫が高千穂《たかちほ》の峰に天降《あまくだ》りされた神々の中の一神・賀《か》茂《も》建角身命《たけつのみのみこと》（賀茂＝鴨の一族の祖神）が、神倭石余比古《かむやまといわれひこ》（神武《じんむ》天皇）の御《み》前《さき》に立って、大倭《やまと》の葛城山《かつらぎさん》の峰へ神々を導きました。そしてそこから次第に移動して京都府相楽《さがら》郡の加《か》茂《も》町に至ります。さらに山代《やましろ》川（木《き》津《づ》川）に沿《そ》って下流に進み、葛野《かつらの》川（桂《かつら》川）と賀茂川の合流地に至り、そこから賀茂川の上流の方を遠望《えんぼう》されて申されました。『綺麗な川が流れている』。そこでその川を〝石川の瀬見《せみ》（浅い）の小川〟と名付けられました。さらに川上に進み、西の山の方に鎮《しず》まられました。その時から可茂（賀茂）といいます」（以上、意訳）

この賀茂建角身命を崇める鴨（賀茂）族の移

上賀茂神社の楼門と玉橋

賀茂大橋から糺の森を望む。右が高野川、左が賀茂川

動ルートを辿《たど》ると、奈良県葛城山麗《ろく》に鴨山口《かもやまぐち》神社・高鴨《たかかも》社があり、相楽郡加茂町には岡田《おかだ》神社、京都市左京区を流れる高野川と賀茂川の合流地に賀茂御祖《みおや》神社（下鴨《しもがも》神社）、賀茂川の上流を三キロほど登ると賀茂別雷《わけいかづち》神社（上賀茂《かみがも》神社）があります。

『絵入・加茂祭礼記』（江戸期）に描かれている下鴨神社境内

鴨族が永遠に安定して神事を続けるのに最適であると到達した所を賀茂建角身命は「賀茂」と名付けました。即ち「賀茂のやしろ」です。「賀茂のやしろ」は、下鴨神社と上賀茂神社の両方を指す言葉です。逸文はさらに「賀茂のやしろ」に祀《まつ》られる新しい神の誕生を記しています。

「賀茂建角身命が、兵庫県氷上《ひかみ》郡氷上町御《ご》油《ゆ》の神野《かんの》神社の祭神・伊可古夜日女《いかこやひめ》と結婚して、二人の子を授かりました。玉依日子《たまよりひこ》と玉依日売《ひめ》です。ある時、玉依日売が〝石川の瀬見の小川〟で川遊びをしていると丹《に》塗矢《ぬりや》（赤く塗った矢・男神の霊代《たましろ》）が流れてきました。その矢を取って持ち帰り、床《とこ》のあたりに奉《たてまつ》り置いたところ、懐妊《かいにん》して男子を授かりました。やがてその子が大人になると、母方の祖父、賀茂建角身命は神々を招き、七日七夜の宴《うたげ》を催《もよお》し楽しみました。その時、大人になった子（孫）に向かって、お前の父と思う人にこのお酒を飲ませなさいと勧めると、男子は天に向けて酒杯を捧げ、その身は屋根を突き抜け天に向かって昇っていきました。そこで外祖父《おはじ》の名に因《ちな》んで可茂（賀茂）別雷命《わけいかづちのみこと》と名付けられました」

と記されています。

今、下鴨社の本殿《ほんでん》は賀茂建角身命と、その隣に玉依媛命《たまよりひめのみこと》が祀られ、上賀茂の本殿には賀茂別雷命が祀られています。

さて、下鴨社の境内《けいだい》はニレ科の樹木が多く茂る千古の森「糺《ただす》の森」で囲まれています。その森の中に御手洗池《みたらしいけ》を水源とする「瀬見の小川」が流れています。その水の清らかさ、森の静けさから、その川自体が「神」であると昔から敬信されてきました。今は川に沿うように参道が続いています。その参道の途中に摂社《せっしゃ》（縁故の神）「河合神社《かわいじんじゃ》（鴨河合坐小社宅神社《かものかわあいにいますおこそやけのじんじゃ》）」があります。

鴨長明

日本三大随筆《ずいひつ》（枕草子《まくらのそうし》・徒然草《つれづれぐさ》・方丈記《ほうじょうき》）の一つ『方丈記』を書いた鴨長明《かものちょうめい》（一一五五～一二一六）は、この河合社の禰宜《ねぎ》（神職）で下賀茂社の正禰宜惣官《しょうねぎそうかん》をしていた鴨長継《ながつぐ》の次男として誕生しました。七歳になると、従五位《じゅごい》下の官職の地位を受けて神職として務めます。和歌や琵琶《びわ》を習い、恵まれた環境で少年時代をエリートとして過ごします。ただ、母についての記載が見当たらないことをみると早くに死別したのかも知れません。長明十九才の承安《しょうあん》三年（一一七三）、父・長継が三十五才で亡くなります。父親の死は、長明の恵まれた環境と神職としての歩みを一変させました。長明は死ぬことをも考えた心境を詠《うた》っています。

すみわびぬいざさは越えん死出《しで》の山
さてだに親の跡を踏むべく
（『鴨長明集』）

鴨長明坐像
（河合神社蔵）

結果的には死を思い止《とど》まり、歌の道、音曲《おんぎょく》の道を歩みました。

安元《あんげん》元年（一一七五）父の縁につながる高松院の上賀茂社で行われた歌合せに参加し、次の歌を詠みました。

石川やせみの小川の清ければ
月も流れを尋《たず》ねてぞすむ

この時、「せみの小川」という語が、前例のない語だと周囲より指摘を受けますが、古来より賀茂川の異名であることを長明は説明。この歌で長明の名は広く知れ渡りました。

歌の道で活躍する長明に後鳥羽《ごとば》院は河合社の禰宜に欠員が出たことを知り、長明にこの任を当てようとします。この禰宜職は父・長継が務めた職でした。ところが賀茂御祖《みおや》神社（下鴨神社）の惣官・鴨祐兼《すけかね》は自身の息子・祐頼《すけより》を推《お》し、長明を排しました。後鳥羽院は哀れに感じ、「うら社」という「社」を官社に昇格させて長明を禰宜に任じようと特別の厚意を寄せますが、長明は辞退しました。人々は長明の常軌《じょうき》を逸《いっ》した非礼を「こはごはしき心（強情《ごうじょう》）」と批判しました。長明は世間を逃れて閑居《かんきょ》、やがて出家をし、蓮胤《れんいん》と名乗りました。

「長明方丈石」の石碑
日野・法界寺より約800メートル山を登ったところにある。

出家した長明は懐かしい賀茂社に参り、境内を巡ります。そして、御手洗池《みたらしいけ》を水源とする川面に自分の姿が映るのを見ながら、

　右の手もその面影《おもかげ》も変はりぬる
　　我をば知るや御手洗の神

今は右の手に数珠《じゅず》を掛け出家した姿でここに参りました。随分と時が経過して、年老いた身を水面《みなも》に映じています。私（長明）をお分かりでしょうか、神さま……と歌を神に捧げました。

そしてさらに思いを巡らして「神さま、比叡《ひえい》山《ざん》から下ってきた若いお坊さんのことを覚えておられますか……」と物語を語ります。

「瀬見の小川」の中で、三人の童部《わらべ》（十歳

前後）が〝自分の言うことが正しい〟〝いや僕のほうが〟〝私のほうが本当だよ〟と言い争っていました。そこに比叡山から下ってきた若い僧がこの言い争いを聞き、「何を正しいのだと言っているのだね」と尋ねたのです。すると一人の童部が「人々が神さまの前で読んでいるお経のことで気にかかることがあるのです」と言います。

僧は興味を持って一人ひとりに何と言ったのかと尋ねると、一人が「『はんにゃしんぎょう（般若心経）』の〝しん〟の字は、〝真《しん》〟だよ」。もう一人は「〝深《しん》〟という字だ」。さらにもう一人は「ちがうよ、〝神《しん》〟だよ」と言うのでした。僧は微笑《ほほえ》ましく思い「皆が言う〝しん〟は誤りだよ。心経は〝こころ（心）の経〟と書くのだよ」。そう言うと「なんだ、そうなのか」と童部たちは帰って行きました。

その後でこの若い僧は、社殿《しゃでん》のほうへ進んで行きました。ところが、一町ばかり行ったかと思うと、急に河原《かわら》の中にしゃがみこみ、倒れてしまいました。私（長明）は驚いて駆けつけて介抱《かいほう》すると、若い僧はやがて気が付き、次のように言いました。

「高貴な人が私の頭の方へ来られて、このように言うのです。『貴僧が童部たちの言い争いの中に入ってお経の説明をしたのは、私としては心外である。この幼い者たちの言うお経の話は、それぞれが真面目に取り組んでいる答えではないか。〝真《しん》経《ぎょう》〟と申しているのは道理や事実と違った事柄ではない。それはそれで言い当てている。また、お経は常住不変《じょうじゅうふへん》に実在する教えであればこそ〝深経《しんぎょう》〟と言っているのも心得違《こころえ》いのことではない。説かれている教えが深い道理であるから〝神経《しんぎょう》〟と言って決して間違いではない。私（神）もことのほか重んじているお経であるからこそ感心して聞いていた。童部たちも本気で話し、自分の説を強く言っているのが頼もしく、その後の成り行《なゆ》きを私はとても興味深く楽しみに待っていたのに、貴僧が判別を下し定めてしまったので、童部たちが帰っていった。そのことが誠に残念で仕方なかった。そのことを言いたくて貴僧の頭上に宿ったのだよ』」。

僧は顔いっぱいに汗を吹き出し、辺りを見回し、むくりと起き上がって、私（長明）にこのように話してくれました。そして、「神が仏法をこのように尊び、慈しみの心をお持ちになっておられるのですね」。そう言うと若い僧は社殿の方へ歩いて行きましたね……。

（『発心集《ほっしんしゅう》』より）

方丈庵と『方丈記』

長明は、京都・日野《ひの》の法界寺《ほうかいじ》の裏山に小さな草庵《そうあん》を構え、そこで歌論の『無名抄《むみょうしょう》』、仏教説話を集めた『発心集』、随筆集とも小説ともいわれる『方丈記』を書きました。

『方丈記』の中に、日野の草庵に「黒き皮籠《かわご》三合」を持込み、その中に和歌、管弦《かんげん》、『往生要集《おうじょうようしゅう》』などの抄物《しょうもつ》を収容したと書かれています。

無常の世を嘆き、阿弥陀さまに救いを願い求める一方で、月を眺め、歌を詠み、琵琶を奏《かな》でる……。出家はしたが現世から解放されない思いを綴《つづ》っています。

長明は、人生はこのようだからこそ「立ち止まって考える機会を逃してはならない」と「方丈の室」から訴えたかったのです。

次々と難解な問題が押し寄せる今日、私たちは立ち止まって考え、正しい選択をし、後世に悔いを残さないようにしなければなりません。『方丈記』が書かれて八〇〇年目（平成二十四年）の今、長明は私たちに強く呼びかけています。

河合神社境内に復元された「方丈庵」
３メートル四方の小さな庵である。

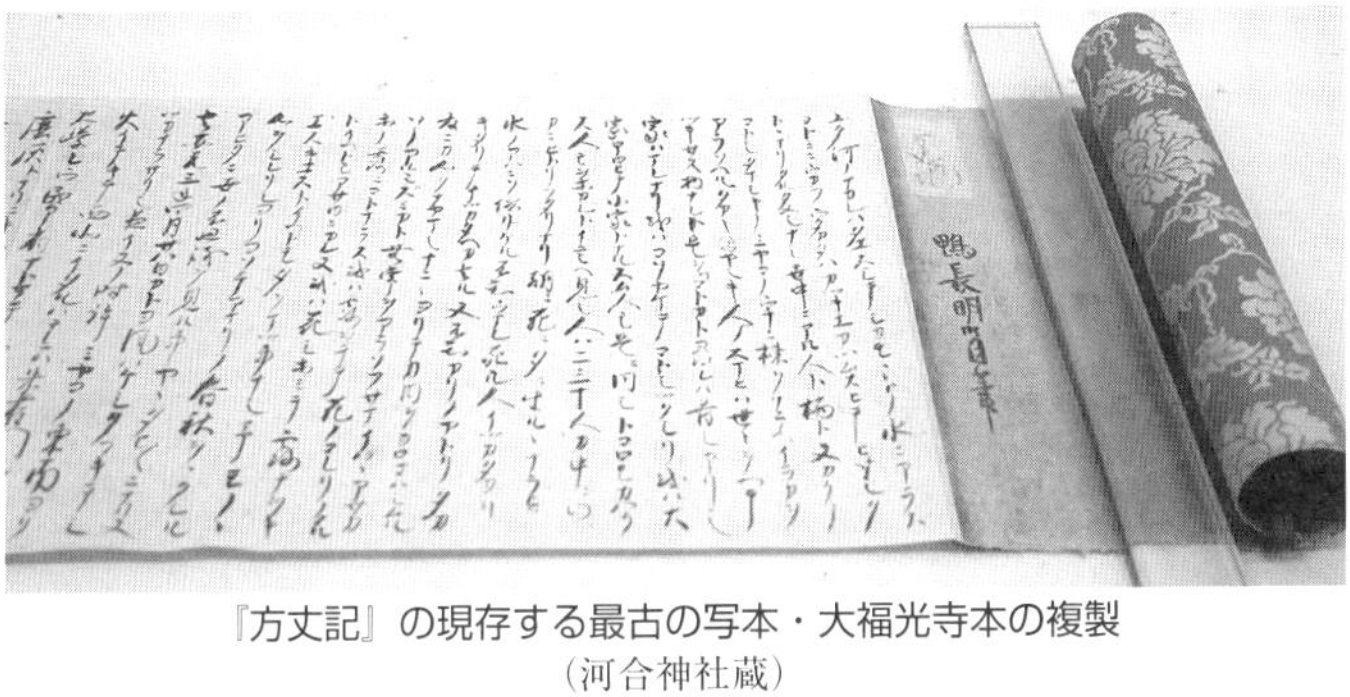
『方丈記』の現存する最古の写本・大福光寺本の複製
（河合神社蔵）

十八の語り

陰《おん》陽《よう》道《どう》と陰《おん》陽《よう》師《じ》・安《あ》倍《べの》晴《せい》明《めい》

●陰陽師たちの活躍

青丹《あをに》よし奈良の都は咲く花の
におうがごとく今盛《さか》りなり　（小野老《おののおゆ》）

隆盛を極めた奈良の都。しかし水資源の乏《とぼ》しさ、河川による物流ができない弱点、肥大《ひだい》した寺院の政治関与等、繁栄に翳《かげ》りが見え始めます。

桓武《かんむ》天皇（七三七～八〇六）は七十年余り続いた奈良・平城京《へいじょうきょう》から京都・長岡京《ながおかきょう》に都を遷《うつ》しました（延暦《えんりゃく》三年＝七八四年）。

この遷都《せんと》に対して、東大寺や興福寺、春日《かすが》大《たい》社《しゃ》等の寺社だけでなく宮廷《きゅうてい》内にも反対を唱える者たちがいました。しかし桓武天皇の信任厚い藤原種継《ふじわらのたねつぐ》は長岡京造営使《ぞうえいし》として強力に遷都を推し進めました。

都が開かれた翌年、延暦四年（七八五）九月二十三日、藤原種継は何者かによって暗殺されました。当然、犯人は遷都反対者に違いないと捜査が行われ、大伴継人《おおとものつぐひと》、佐伯高成《さえきのたかなり》、他二十名が捕らえられました。取り調べの結果、二人は思わぬ自供《じきょう》をしたのです。

「故中納言《ちゅうなごん》大伴家持《おおとものやかもち》が種継を排除するよう我々に命じた。このことは、早良親王《さわらしんのう》さまにも申し上げて実行した」

早良親王は桓武天皇の異父弟（母を同じくする兄弟）です。早良親王は出家をしていましたが、桓武天皇が即位《そくい》すると還俗《げんぞく》（僧から一般社会にもどる）して皇太子となりました。親王は奈良で活躍する僧侶たちとも交わりがあったので、それだけに遷都に対してはより慎重な姿勢でした。

疑いを抱いた桓武天皇は、早良親王の位《くらい》を剥《はく》奪《だつ》し、乙訓寺《おとくにでら》に監禁。親王は関与を強く否定し無実を訴えますが、聞き入れられません。親王はハンガーストライキを実行し、濡《ぬ》れ衣《ぎぬ》であることを強く主張しましたが、淡路《あわじ》へ流刑《るけい》が決まりました。そして流刑の地に向かう途中の淀《よど》で衰弱死《すいじゃくし》したのです。遺体は都に戻されることなく淡路に埋葬されました。

さて、長岡京建設は進みますが、為政者《いせいしゃ》の間にも、そこで暮らす人々にも漠然《ばくぜん》とした不安が広がります。延暦七年（七八八）桓武天皇の夫人、藤原旅子《ふじわらのたびこ》が亡くなり、そして激しい雷、暴風が吹き荒れました。これは早良親王の怨念《おんねん》に違いないと噂が広まり、それが事実であるが如く、桓武天皇の縁者《えんじゃ》が若くして亡くなり、日《ひ》照《で》りによる不作、飢餓《きが》、天然痘《てんねんとう》の流行と次々と天災が襲いかかりました。皇太子となった桓武天皇の子供・安殿《あての》親王が病気となり、桓武天皇の不安は極《きわ》みに達しました。

古来、天変地位《てんぺんちい》の原因は「神の怒り」、「怨《おん》霊《りょう》の祟《たた》り」、「鬼や怪物という触れてはならないものの悪さ」、「穢《けが》れ」等とされ、神の怒りに対しては神社に奉幣《ほうへい》し、祟りや怨念には僧侶による祈祷《きとう》・加持《かじ》を頼みとしました。そして「穢れ」に対しては陰陽師《おんようじ》（おんみょうじ）による祓《はら》いが効験《こうけん》があるとされてきました。

天皇は陰陽師に安殿親王の病気の原因を占わせたところ、「無実を訴えた早良親王の無念の思いが、怒りの塊《かたまり》（怨霊）となって禍《わざわい》を引き起こしている」と奉告《ほうこく》されたのです。

天皇はただちに早良天皇の埋葬地を御陵《ごりょう》と改め、荘厳《しょうごん》し、僧侶による供養を営み、鎮魂《ちんごん》を念じたのです。しかし、凶事は一向に収まる気配がありませんでした。地震は起こり、皇太子妃の藤原帯子《たらしこ》も亡くなる。陰陽師はいかにしてこの祟りから逃れられるか、また怨霊を如《い》何《か》にして鎮《しず》めるか、さらなる解決策を模索しました。

その結果、「神にかなう地」、陰陽の理に適合する場所に再び都を遷すことでした。それは四方が山、中央の盆地《ぼんち》に河が流れているという土地でした。四方八方手を尽《つ》くすと、山背国が相応する地であると判明。今の京都です。

延暦十三年（七九四）十一月桓武天皇はわずか十年で再び詔を発し、二度目の遷都を行いました。山背国《やましろのくに》の名を改め「山城《やましろ》」とし、都の名前を、新しい都は穏やかにして安全、どうあってもそのようにしたいという強い願望を込め、「平安京《へいあんきょう》」としました。そして都の東西南北の神が鎮座《ちんざ》する岩座《いわくら》に仏教経典を浄書《じょうしょ》し、奉納《ほうのう》しました。

陰陽道とは何か

陰陽道《おんようどう》は、中国古代の方術《ほうじゅつ》や道教の不老長寿、医術、呪術、占い、大地の中に生気をみる地相《ちそう》術、また仏教（密教）の呪術性、宿曜《しゅくよう》（天文学）、呪禁《じゅごん》（祓い）、これらが複合体として、日本独特の表現となったものでした。それは、平安時代、行政事務の一翼《いちよく》を担《にな》いました。

新しい平安京の内裏《だいり》（御所《ごしょ》）に陰陽道の研究所（陰陽寮《りょう》）を置き、体系化が図《はか》られました。そこには陰陽頭《かみ》一名、陰陽博士《はかせ》一名、陰陽生《しょう》十名、暦博士、天文博士、天文生《しょう》、時刻博士（漏刻《ろうこく》）等、五十名を越える大所帯《おおじょたい》でした。それは、陰陽寮の中に陰陽に関わることを勉強する者を全て隔離《かくり》し、外への発信を止め、関係者以外がこの道を学ぶことを禁じるためでした。

陰陽寮で陰陽にたけたものは陰陽師と呼ばれ、宮中だけの陰陽師がやがて貴族社会における「物《もの》の怪《け》」の祓いをするようになります。

安倍晴明の誕生

平安時代の高名な陰陽師・安倍晴明《あべのせいめい》（九二一〜一〇〇五）は、伝説の多い実在の人物です。

JR天王寺《てんのうじ》駅（在・大阪市天王寺区。近鉄線では

安倍晴明生誕伝承地の碑
（大阪市阿倍野区・
安倍晴明神社）

「あべの橋駅」に相当します）から南へ約一・五キロ、熊野《くまの》街道に面して、「安倍晴明神社」（在・大阪市阿倍野《あべの》区）があります。それと背を合わせるようにして、熊野詣《もうで》の王子《おうじ》、第二番目の社《やしろ》である「阿倍王子神社」もあります。

安倍晴明神社の入口には「安倍晴明生誕伝《せいたんでん》承地《しょうち》」の碑《ひ》が立ち、産湯《うぶゆ》の井戸跡《あと》、晴明の母である白狐《びゃっこ》（後述）が空を走る姿の碑があります。

安倍晴明を描いた最古の肖像画。
右下に松明を持った「式神」が描かれている。
（大阪市阿倍野区・阿倍王子神社蔵）

一方、阿倍王子神社には、安倍晴明を描いた最古（室町時代）の肖像画が所蔵されています。そこには、両膝をつき、松明《たいまつ》を掲《かか》げ持つ「式《しき》神《がみ》」（陰陽師が使役《しえき》する鬼神）も描かれています。また、安倍晴明の坐像（木造）も鎮座し、この地域は晴明の呼吸が伝わる過去と未来のスポットとして、多くの人々が訪れています。

――さて、今から千年も前のお話しです。阿倍野の里（現在の大阪市阿倍野区）に、阿倍保名《あべのやすな》という若武者がいました。保名の家は代々、阿倍野一帯を所領とする豪族《ごうぞく》でしたが、保名は冤《えん》罪《ざい》によって罷免《ひめん》され、所領の多くを失いました。保名は、家名を再興したいと信太森《しのだのもり》神社（現・信太森葛葉稲荷《くずのはいなり》神社。在・大阪府和泉《いずみ》市）に願《がん》掛《か》けをしていました。

ある日、保名が信太森神社で念じていると、一匹の白狐が保名に救いを求めるように走りよってきました。保名は社《やしろ》の傍《かたわら》に白狐を隠してやりました。やがて、数人の狩人が「白狐を追い込んだが貴殿《きでん》は見なかったか」と荒々しく問いますが、保名はしらを切ります。「確かにここに逃げ込んだ。隠しているな」と狩人たちは刃《やいば》をむけて脅《おど》しますが、保名が「知らぬ」と突き放すと、狩人たちは斬りつけてきました。双方が斬り合いますが決着がつかず、「忌々《いまいま》しい奴だ」と捨て台詞《ぜりふ》を残して狩人たちは立ち去りました。保名は深傷ではないものの身の彼方此方《あちこち》に切り傷を受けました。

その時、一人の女性が走り来て、保名の傷の手当をし、「阿倍野のお住まいまで少々距離があ

木造・安倍晴明坐像（背面に「土御門家」の墨書がある。阿倍王子神社蔵）

りますね」と一梃《いっちょう》の山駕籠《やまかご》を雇《やと》ってきました。

「私はこの近くに住んでおります葛《くず》の葉《は》と申します。必ずお伺《うかが》いをいたしますからね……」。

阿倍野に帰り着いた保名は医者の手当を受けましたが、その夜から熱が出て寝こんでしまいました。

「恋しくば尋ね来てみよ和泉なる
信太の森のうらみ葛の葉」
という歌と、白狐（葛の葉）の姿が彫られた碑。
（大阪府和泉市・信太森葛葉稲荷神社）

次の日の夕暮れ時、葛の葉が見舞いにきました。そして「何かとご不自由でございましょう。しばらくお側《そば》でお手伝いします」と細々《こまごま》と気を使い、介抱《かいほう》してくれました。そのかいあって、次第に回復、しかし葛の葉は帰ろうとはしませんでした。

そのまま新しい年を迎え、やがて保名と葛の葉の間に可愛い男子が授かりました。保名は喜び「童子丸《どうじまる》」と名付け、慈《いつく》しみ育てました。

童子丸が五歳の時、疱瘡《ほうそう》が流行《はや》り、童子丸も高熱を出し床《とこ》にふしました。葛の葉の必死の看病は快方へと導きました。葛の葉は安堵《あんど》し、気が緩《ゆる》んだのか、うとうとと寝入ってしまいました。「母さま怖い」という童子丸の声にはっと目覚めた葛の葉は、白狐に戻った自分の姿に気が動転してしまいました。

自分の本当の姿を見られた葛の葉は、家を去る決心をし、寝ている童子丸と保名に向かって話しかけます。

「私は六年前、信太森《しのだのもり》で狩りで追われて死ぬところでした。貴方さまが自分の身も顧《かえり》みず隠し守ってくれました。あなたは信太森の明神《みょうじん》さまに参るごと、阿倍野の再興を念じておられましたね。明神さまはその真心《まごころ》に感心され、私を仮の女性の姿として夫婦親子の縁を授けてくださったのです。せめて十年、童子丸がもう少し大人になるまでと思っていましたが、今は神通力《じんづうりき》が衰え童子丸は私の本当の姿を見てしまいました。もう去らねばなりません。童子丸、父上さまのいうことをよく聞き、学問に精を出しなさい。ここに宝《ほう》玉《ぎょく》を置きますよ。必ず役立ちます。大事にして下さいね」

信太森（大阪府和泉市）の「鏡池」。白狐（葛の葉）と保名の出会いの場所、葛の葉と童子丸の別れの舞台であると伝えられる。

童子丸の枕元に宝玉を置いて、さらに夫への形見と、口に筆をくわえ、

恋しくば尋《たず》ね来てみよ和泉《いずみ》なる
信太《しのだ》の森のうらみ葛の葉

という歌を障子《しょうじ》に書き付け、白狐の姿となって信太森へ走り帰りました。保名は夢を見たの

かと片側《かたがわ》を見ると、葛の葉の姿はありませんでした。

——さて、この説話に語られている童子丸が、天才・安倍晴明その人でした。

阿倍野の地で過ごした晴明は、その頃京都で活躍している陰陽道の一族、賀茂忠行《かものただゆき》、賀茂保憲《やすのり》、光栄《みつよし》の元に弟子入りします。そこで研鑽《けんさん》を積み、陰陽寮の天文博士として名を馳《は》せ、陰陽師として式神を自由に使い、病気を占い、寿命を変え、命を落とした浄蔵の父親を一条橋で蘇《よみがえ》らせるなど、活躍の話が伝えられています。なかでも、九八六年六月の花山《かざん》天皇の突然の退位を天体の動きから予知したという逸話は有名です。

『西国順礼道之記』（江戸時代）に描かれた、葛の葉と童子丸の別れの図。
（法楽寺蔵）

そして、晴明が陰陽師として出世したことによって、父・保名の無実の罪は晴らされ、保名が信太森神社に願掛けしていた「家の再興」が叶いました。このご利益《りやく》により、信太森神社は、「信太森葛葉稲荷《くずのはいなり》神社」と呼ばれるようになりました。

もしも安倍晴明が現代にいたら……混迷している現代の日本の政局を、いかに占い、いかなる指針を示すのでしょうか。

十九の語り

住《すみ》吉《よし》大《たい》社《しゃ》と住吉明《みょう》神《じん》

堺《さかい》の海岸の美しい老松

大阪府堺市に「三国ヶ丘《みくにがおか》」と呼ばれる丘がありますす。その近くには古代の王朝の仁徳陵《にんとくりょう》、履中陵《りちゅう》があります（神功皇后《じんぐうこうごう》の子息《しそく》である応神天《おうじんてん》皇《のう》＝八幡《はちまん》神の、そのまた子息が仁徳天皇で、さらにその子息が履中天皇）。古代、皇居《こうきょ》が置かれた摂津《せっつ》国・河内《かわち》国・和泉《いずみ》国の三国を一望するところから三国ヶ丘の名が付きました。

そして、三つ国が重なりあうところから「境《さかい》」＝「堺《さかい》」の地名が生まれました。昔、この丘から眺《なが》める海は穏《おだ》やかで、松が海岸に沿《そ》って美しい弧《こ》を描いていました。

『古今和歌集《こきんわかしゅう》』に、

「われ見ても、久《ひさ》しくなりぬ住《すみ》の江《え》の、岸《きし》の姫松《ひめまつ》いく世経《よへ》ぬらむ」

――私が見た時からでも随分《ずいぶん》年月が経《た》っている。その住の江の岸の美しい老松

は、いったいどのくらいの年代を経《へ》ている
　のだろう――（大意）
と詠《うた》われたこの海と老松は、神域《しんいき》そのものでした。そして、この美しい風景の中に多くの人々が子供の頃に聞いた「浦島太郎《うらしまたろう》」の説話《せつわ》があります。

浦島太郎の物語

春の霞《かすみ》が漂う墨吉《すみよし》（住吉）の岸辺《きしべ》に立つと、釣船《つりぶね》がゆれ動いています。その様子を長い間見ていると、昔のことが懐かしく思い出されてきました。水の江《え》の浦島の子（浦島太郎）は、鰹《かつお》や鯛《たい》が釣れて得意になり、七日も家に帰らず、さらに沖合《おきあい》に船を漕《こ》ぎ出ていくと、海神《うみがみ》の女性に出会いました。

二人は楽しい語らいをし、手を取り合って海神の御殿《ごてん》に入っていきました。そこは、歳《とし》をとることも死ぬこともないところ＝神仙《しんせん》の国でした。浦島の子は幾日《いくにち》もそこにいました。しかし愚かにも浦島の子は、海神の娘に「少しのあいだ家に帰り、両親に今の幸せを話してこよう。明日には戻ってきます」と言いました。すると娘は箱を渡し、「この不老不死の仙境《せんきょう》にまた戻ってきて一緒に過ごしたいとお想《おも》いになられるのでしたら、決してこの箱を開けてはなりませんよ」と堅く禁じました。

浦島の子は墨吉に帰り、自分の家を探しました。しかし、住んでいた里ははっきりわかりません。「確か家を出てから僅《わず》かな日数だと思うのだが、記憶にある垣根《かきね》も家もまったく無くなってしまうなどということがあるだろうか……。この箱を開けたら元《もと》のように家が現《あらわ》れるのだろうか」と思い、箱のフタを少し開き、見ました。ところが、白雲が出て海の方へ向かって棚引《たなび》いていきます。それをあわてて追いかけ、袖《そで》を振って転がり、足を引きずり、浦島の子はとうとう気を失ってしまいました。そして若々しかった肌もしわくちゃになり、髪も白くなって呼吸もしだいに荒々しくなり、とうとう亡くなってしまったといいます。

住吉大社・本殿（国宝）

釣船は前と同じようにゆらゆらとゆれています。そして水の江の浦島の子の家があった辺りが見えます。何も変わらないように憶《おも》えるのですが、もしも私が浦島の子（浦島太郎）で不老不死の仙境に住んでいたとするならば、決してこの世には戻らなかったであろう。何と間抜けなことなのだ、この浦島の子は（意訳・万葉集巻九・高橋虫麻呂《むしまろ》の長歌）。

――神と人間と自然、そこにはなんの境界《きょうかい》線もなく、神と人間が親愛感を寄せて結婚をしたのでしたが、ただ人間が神との約束を守ることができなかった時、全てを失うという神話の世界が語られています。

住吉大社とは

さて、住吉大社《すみよしたいしゃ》の神様＝住吉明神《みょうじん》は、堺の

海岸の美しい老松を依代《よりしろ》として鎮座《ちんざ》されました。

縁起《えんぎ》には「伊邪那岐命《いざなぎのみこと》が海に向かい大祓《おおはらえ》（禊祓《みそぎはらえ》）をし、その結果、海底が清められて底筒男命《そこつつのおのみこと》が誕生、続いて海の中を祓うと中筒男命《なかつつのおのみこと》が誕生、最後に海の表面を祓うと表筒男命《うわつつのおのみこと》が誕生、というようにして三神が現れた」とあります。この三神（住吉三神）をお祀《まつ》りしたのが住吉大社の始まりと記されています。

住吉大社の横に、摂社《せっしゃ》である大海《おおわたつみ》神社があります。『古事記《こじき》』に語られる「海幸山幸《うみさちやまさち》」の

住吉明神の御影（山本兆揚筆、住吉大社蔵）

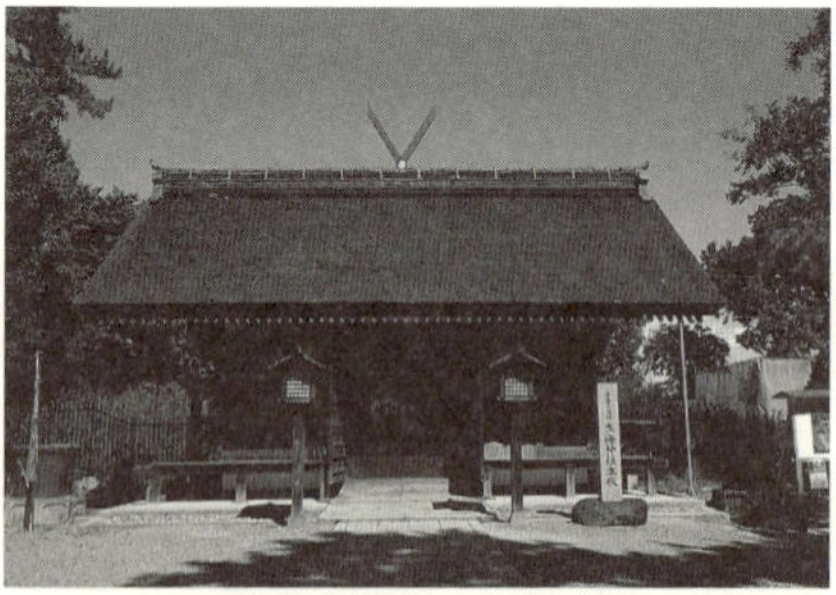

住吉大社摂社・大海神社

物語——「山幸彦《やまさちひこ》（彦火火出見尊《ひこほほでみのみこと》）と海幸彦《うみさちひこ》（火照命《ほでりのみこと》）の兄弟が、互いに猟具《りょうぐ》をとりかえて猟をする。山幸彦は、慣れぬ海の猟で兄の釣針《つりばり》をなくす。兄の海幸彦はなんとしてでも捜《さが》せと弟に迫る……」という物語です。釣針を捜す山幸彦は、やがて海神・豊玉彦命《とよたまひこのみこと》の娘、豊玉姫命《とよたまひめのみこと》と出会い、結婚。潮《しお》の満《み》ち干《ひ》きを自由にできる「満珠《みつるたま》・干珠《ひるたま》」の二つの珠を授かるのですが、このお話に登場する豊玉彦命《とよたまひこのみこと》と豊玉姫命《とよたまひめのみこと》を祀るのが大海神社の始まりでし

神功皇后の三韓出兵の様子を描いた絵
（『西国順礼道之記』より）

た。

　住吉大社には、もう一神、祀られています。それは、第十四代仲哀《ちゅうあい》天皇の后《きさき》＝神功皇《じんぐうこう》后《ごう》が、百済《くだら》国を救援するため、皇后自らが兵を率いて出兵したその折、航海の安全と戦勝を住吉の大神に祈ると、「加護する」との託宣《たくせん》がありました。そして、大海神社の大神が潮の満ち干きを司《つかさど》る珠を皇后に投げ与え、神功皇后はその珠で潮を操り勝利を手にしました。この絶大な住吉の大神の加護に対し、神功皇后は「われは大神とともに相《あい》住む」と言われ、住吉大社に坐《すわ》られたのです。以来、住吉大社には、住吉三神と神功皇后（息長足姫命《おきながたらしひめのみこと》）の四宮が祀られるようになりました。

　なお、住吉浜には入江《いりえ》があり、そこから遣隋《けんずい》船《せん》、遣唐《けんとう》船が出航しました。住吉の社家《しゃけ》（神職の家筋）から遣唐使が輩出《はいしゅつ》され、乗船していました。

　天平宝宇《てんぴょうほうう》二年（七五八年）、新羅《しらぎ》国より薬師《やくし》如来《にょらい》像が伝来。それを祀るため新羅寺《しんらじ》が建立《こんりゅう》されました。いわゆる神宮寺《じんぐうじ》（神社の敷地内に建立された仏教寺院）です。その後、住吉の神宮寺は津守寺《つもりでら》（瑠璃寺）、荘厳浄土寺《しょうごんじょうどじ》、西琳院《さいりんいん》（堀《ほり》内御堂《うちみどう》）、榎津寺《えなつでら》、妙台寺《みょうだいじ》（鷹合堂《たかあいどう》）の六寺が建立されていきます。そして、住吉大社を中心に一大宗教圏《けん》が誕生しました。

『墨江紀略《すみのえきりゃく》』（享保《きょうほう》二年九月刊）には、「住吉に四本社《ほんしゃ》、四十四末社《まっしゃ》、仏堂十六宇《う》、棟《むね》数一百七十三有るなり」と記されています。

日本の発展とともに海外との往来《おうらい》が盛んになるにつれて、日本になかった病もこの入江を通して広まりました。人々は神功皇后が三韓《さんかん》（新羅・百済・高句麗《こうくり》）を平定したように、住吉さんに参れば病も必ず治してくれると、新羅の薬師如来像（住吉大社本地仏《ほんじぶつ》）を頼りとしました。

赤染衛門《あかぞめえもん》の物語

平安時代、赤染衛門《あかぞめえもん》という女流歌人がいました。華々《はなばな》しく活躍した紫式部《むらさきしきぶ》や清少納言《せいしょうなごん》とは少し異なり、一歩も二歩も退《しりぞ》いたところにいる穏やかな人柄でした。

ある時、息子の大江挙周《おおえのたかちか》が重い病にかかりました。普段は物静かな赤染衛門ですが、息子の命が危ないと知るや、身繕《みづくろ》いも構わず車（牛車《ぎっしゃ》）を急がせ、摂津国の住吉大社にかけつけたのでした。そして、

「住吉の神さま・仏さま、どうか我が子の命を救ってください。もし我が子の命を救ってくださるのならば、すぐに私の命を引き換えにさしあげましょう」

と七日間、寝食を忘れて祈りに祈り続けたのです。

結願《けちがん》の日、切ない心を次のような歌にしまし

た。

代わらむと　祈る命はをしからで
　さてもわかれんことぞ悲しき
（我が子の命に代わるのならば、我が命は惜しくはないが、その願いかなって我が子と別れるのは悲しい）

鬼気《きき》迫る赤染衛門の祈りに、住吉の神仏は冥加《みょうが》をたれました。挙周の病は奇跡的に回復し、赤染衛門が京へ戻った時にはすっかり元気になっていました。

母から住吉への祈りの話を聞いた挙周。母が、自分の命を削ってまで神仏に祈りを捧げてくれた慈愛を深く感じた挙周は、すぐさま自分もまた住吉神社へ車を走らせました。そして住吉の神仏に、

「母は一度死にかけた私のために、神さま・仏さまに自分の命を捧げました。どうか、その神さま・仏さまに捧げられた母の命を、今一度、母に返してあげてください。そして代わりに私の命を召し上げてください」

と祈ったのです。この強い愛情で結ばれた母子に住吉の神仏は、母子共にさらなる寿命を与えたといいます。

住吉大社と神仏習合《しんぶつしゅうごう》

仏教でも神道《しんとう》でも、病気平癒《へいゆ》のための加持祈祷《かじきとう》をする時は、その祈願者に、しばしば護符《ごふ》を授けます（護符とは、紙や布などに神仏の名号《みょうごう》や真言《しんごん》などを書いたもので、肌身《はだみ》につけたり、時には飲ん

だりもする）。かつて住吉大社で発行される護符は、境内《けいだい》にある住吉明神の依代《よりしろ》である松の葉を焚《た》き、それによって生じた炭（墨）で書かれたものであったといいます。

また、その炭を画材として五大力尊《ごだいりきそん》（金剛吼《こんごうく》菩薩《ぼさつ》・龍王吼《りゅうおうく》菩薩・無畏十力吼《むいじゅうりきく》菩薩・雷電吼《らいでんく》菩薩・無量力吼《むりょうりきく》菩薩＝旧訳仁王経《くやくにんのうきょう》）の像を描き、本尊として祈るということも行われました。今この五大力尊像画五幅《ごふく》は、高野山・普賢院《ふげんいん》にあり、「住吉神宮寺什物《じゅうもつ》」と書かれています。

また、「病弘法《やまいこうぼう》（病気の時には弘法大師《こうぼうだいし》に頼め、の意）」という諺《ことわざ》がありますが、このような信仰は、同じく病気平癒の神様である住吉明神と重なり、「弘法大師と住吉明神は同体」という信仰を生みました。江戸時代まで、住吉大社の年中行事に、「三月二十一日　住吉明神・弘法大師　互いの御影《みえい》」という行事がありました。

神と仏は、同じ境内に仲良く座していた＝神仏習合していたのです。

弘法大師と住吉明神が同体であることを描いた絵
（法楽寺蔵『弘法大師行状絵伝』より）

やがて、日本は激動期（江戸から明治へ）に入り、新政府は神仏分離令を発し、神と仏を強引に分離しました。神か仏、白か黒、という何事も対立的させる思考のもとに推《お》し進められた政策は、長いあいだ神と仏が共に歩みを続けてきた神社から、仏の建物すべてを取り去る打ち壊しとなっていきました。

下の「四天王寺住吉大社屏風《びょうぶ》」にあるような住吉神宮寺の荘厳《そうごん》な景色は、ことごとく消えてなくなりました。

明治維新《いしん》は日本の近代化、国際化に大きな前進をもたらしました。そして近代化を手にし、発展しました。しかし、明治政府が行った神仏分離によって、今まで先人が培《つちか》ってきた「神《しん》明《めい》に加護を求め、罪悪を仏・菩薩に懺悔《さんげ》し帰依《きえ》して、善を積む」といった人間としての生き方をもこわし、護国英霊の祀り方に対し国内外から問題視されることに繋がっていきました。

今、再び神仏共生《きょうせい》が求められ、新しい時代の出発の時を迎えているのです。

切幡寺（四国八十八ヶ所・第十二番札所）にある多宝塔。住吉神宮寺より移築されたものである。

四天王寺住吉大社屏風

（大阪歴史博物館蔵）

住吉神宮寺の荘厳な伽藍を描いている。

二十の語り

愛宕山《あたごさん》の勝軍地蔵《しょうぐんじぞう》と天狗《てんぐ》さま

●愛宕山の勝軍地蔵、愛宕権現《ごんげん》とは

京都の北西にひときわ高く聳《そび》える愛宕山（九二四メートル）が在ります。

そこは、恐ろしい天狗が住む山、明智光秀《あけちみつひで》や伊達政宗《だてまさむね》ら戦国武将が勝利を勝軍地蔵尊に請《こ》い願った山、江戸時代には「お伊勢へ七度、熊野へ三度、愛宕さんへは月参り」の言葉を生み、火伏《ひぶ》せ（防火）の神に願掛《がんか》け詣《もう》でをした山。

人々は愛宕山にいろいろな願いを掛け、時に恐れを感じつつ、崇め、敬い、親しみ、そして身近に観じてきました。

さて、その愛宕山の古《いにし》えは、一日の最初に日の光を受けるところから最も高い峰を「朝日《あさひ》峰《みね》」と呼んでいました。その朝日峰には荒らぶる神が宿り、その化身《けしん》である霊獣《れいじゅう》が暴れまわり人々に危害を及ぼすので、容易に近づくことができませんでした。

そこで大宝《たいほう》年間（七〇一～七〇四）に修験道《しゅげんどう》の開祖と仰《あお》がれる役行者《えんのぎょうじゃ》と、石川県・岐阜県にまたがる霊峰《れいほう》・白山《はくさん》を開いた僧・泰澄《たいちょう》とが、ともに朝日峰に登り、暴悪の神を鎮《しず》めるため神廟《しんびょう》を建立《こんりゅう》しました。さらに山の平安を請い願って、二人は岩屋《いわや》（洞穴）に篭《こも》り、至心《ししん》に祈りました。すると眷属《けんぞく》（従者）を従えた毘沙門《びしゃもん》天《てん》が現れ、次に兜《かぶと》を被《かぶ》り、甲《かっ》冑《ちゅう》を帯《たい》し、馬に乗った地蔵菩薩が出現（感得《かんとく》）しました。そして朝日峰山頂にお堂を造り、この甲冑姿の地蔵菩薩＝「勝軍地蔵」を、朝日峰の神の本地仏《ほんじぶつ》としてお祀《まつ》りました。それ以来、愛宕山の神は「愛宕権現」とか「愛宕大《だい》権現」「愛宕山大権現」と呼ばれるようになりました。

時が経《た》ち、桓武《かんむ》天皇の平安遷都《せんと》の計画が立て

京都・愛宕山の愛宕神社

勝軍地蔵騎馬像（京都・金蔵寺蔵）

られると、大安寺《だいあんじ》の僧・慶俊《けいしゅん》と和気清麻呂《わけのきよまろ》が王城鎮護《ちんご》のため、造営する都の周囲の山々（東西南北の岩座《いわくら》）に仏教経典の経文《きょうもん》を納め、さらにこの朝日峰を唐《とう》の五台山《ごだいさん》に見立て、愛宕五坊「高雄山寺《たかおざんじ》（神護寺《じんごじ》）、月輪寺《がちりんじ》、日輪寺《にちりんじ》、伝法寺《でんぽうじ》、山上の白雲寺《はくうんじ》」と呼ばれる修行道場（寺）を整えました。この時、二人が山頂の勝軍地蔵を拝むと、山に掛かっていた黒雲《こくうん》がたちまち白雲《はくうん》に変わりました。この奇瑞《きずい》を喜び、山頂の寺を「白雲寺」と名付け、寺の守護神として伊邪那《いざな》岐命《ぎのみこと》を祀りました。この神には「火の子」として生まれた迦具槌命《かぐつちのみこと》がいます。そこで火の子である迦具槌命を白雲寺の奥の院の鎮守《ちんじゅ》神として祀ったのです。

　神と仏が融合調和した白雲寺は、天狗も加わって山林修行の道場として五つの坊（勝地《しょうじ》院《いん》・教学《きょうがく》院・大善《だいぜん》院・威徳《いとく》院・福寿《ふくじゅ》院）が造営され、社僧《しゃそう》や修験者《しゅげんじゃ》（山伏《やまぶし》）、お篭りする人々が集《つど》い栄《さか》えました。

　この白雲寺が明治期の神仏分離以後、「愛宕神社」となるわけです。

「愛宕地蔵之物語」とは

『御伽草子《おとぎぞうし》』に「愛宕地蔵之物語」があります。

　昔、天竺《てんじく》（インド）の毘舎離国《びしゃりこく》に円祇《えんぎ》という長者《ちょうじゃ》夫妻が、四人の息子と一人の姫《むすめ》とともに暮らしていました。三人の息子と姫はわがままで派手好きでしたが、四番目の四郎《しろう》だけは何事《なにごと》にも無頓着《むとんちゃく》でした。

　ある時、長者は人生を深く考え、五人の子供たちに、「この家を出て、他国で暮らせ。けれども三年後の三月、必ず帰って来なさい」と言い渡しました。五人の子供たちは驚き嘆《なげ》きましたが、それぞれの道を選び進みました。

物語はこの後、四郎が仙人に出会い、修行し、仏の浄土を見て回り、仙人から枯《か》れ木の皮で作った着物を授かり、さらにもらった小さな箱を首に掛け、皆と再会することを描写します。

「愛宕地蔵之物語」を描いた絵
（国立国会図書館デジタル化資料より）

さて、長者は皆がそれぞれに自立していることを喜び、財を分け与えようとしますが、子供たちは多くを欲しがりませんでした。四郎は「世の中は無常《むじょう》です。財が何となりましょう。何もいりません」。長者は四郎の言葉に深く感じ入り、家の財宝を悉《ことごと》く貧しい人々に分け与え、出家し寺を建てました。そのお寺の落慶法要《らっけいほうよう》の導師《どうし》を探していると、家の柱の虫食い穴が「生身《しょうしん》の仏（生き仏）が現れ、供養を行うであろう」という文字として読めました。

落慶法要の当日、長者と四人の子供たち（三人の息子と姫）は揃《そろ》って出かけますが、四郎だけは「億劫《おっくう》だから」と残ったのです。すると「次《じ》郎坊《ろうぼう》（四郎のこと）よ。法会《ほうえ》の導師をつとめよ」という声がどこかから聞こえてきます。四郎は不思議に感じていると「蓋《ふた》を開けなさい」と首から掛けている箱の中から声がします。恐る恐る蓋を開くと、大勢の童子《どうじ》が出てきて四郎の髪を剃《そ》り、湯浴《ゆあみ》をさせ着《ちゃく》していた衣《ころも》を裏返しました。それを着すと貴《とうと》い姿になりました。四郎は菩薩を従えて空を飛び、法要の座に就《つ》いて、導師をつとめたのです。

法要を終えて四郎は人々に「私は円祇長者の四男の次郎坊です」と名乗ったので「あの無頓着な四郎が……」とざわめきが起こりました。四郎は話し続けます。「父は五人の子供の果報《かほう》を知るため、三年後の再会を約束して旅に出させました。今この供養の場に父母兄弟皆集っています。このことは前世からの因縁《いんねん》です。因縁の教えを説き、参列者を解脱へと導きました」。

話を終えた次郎坊は佉羅陀《きゃらだ》山（地蔵菩薩の住む山）へ向かい、さまざまに身を変じ、時には獄《ごく》卒《そつ》となり、時には武神《しきがみ》となりました。また神として王城の乾《いぬい》にある山に現れ、その神が岩を愛するところから、山は「愛宕山」と名付けられました。この神＝愛宕山大権現は、国中の天狗を家来《けらい》に従えているのです――。

物語の大意を書きましたが、物語は長く難解な内容の仏教説話です。

○大天狗・愛宕山太郎坊《たろうぼう》とは

もう一つ、「愛宕山太郎坊《たろうぼう》」という大《だい》天狗のことを『太平記《たいへいき》』は記しています。

羽黒山《はぐろさん》（山形県にある修験道の霊山）に雲景《うんけい》という山伏がいました。諸国を修行して都にやってきて名所を巡礼している時、歳《とし》の頃六十程《ほど》の老山伏と知り合いになりました。雲景は、「公《く》家《げ》・武家《ぶけ》の方々《かたがた》が崇敬《すうけい》して建立した大伽藍《だいがらん》の天《てん》龍寺《りゅうじ》は是非《ぜひ》とも見たい。嵯峨野《さがの》へも行きたい」などと老山伏に語りました。

老山伏は、「天龍寺も立派ですが、我々が修行している山こそ並ぶもののない霊場です。ご案内しましょう」。老山伏は雲景を連れて愛宕山の壮大な伽藍を見学しました。雲景が感嘆していると、老山伏はさらに本堂の奥の座主《ざす》の坊に案内しました。そこには衣冠《いかん》正しく笏《こつ》を持っている人、高徳の姿で木蘭色《もくらんいろ》の衣を着している僧など、多くの人々が座していました。雲景は不思議に思い尋《たず》ねると、「皆、高名な怨霊《おんりょう》です」と山伏は一人ひとりの名を教えてくれました。上座《かみざ》は金色の鳶《とび》の姿をした崇徳院《すとくいん》、その側《そば》の大男は八郎冠者為朝《はちろうかじゃためとも》。左の座は代々の帝王、淳仁天皇《じゅんにん》、光仁《こうにん》天皇の皇后《こうごう》、その息子・他戸親王《おさべしんのう》、後鳥羽院《ごとばいん》。次の座は玄《げん》昉《ぼう》、真済《しんぜい》、仁海《にんがい》、尊雲《そんうん》などの高僧たち。皆、大魔王（天狗）となってここに集まり、天下をいかに動乱に導いていくかを評議しているのでした。

太郎坊椅像（京都・西林寺蔵）

雲景は恐ろしく、また不思議に思い、緊張して正座していると、集まっている山伏の長老に「どこから来

京都・愛宕神社の鳥居の、猪のレリーフ（猪は愛宕権現の使い）

たお方かな?」と尋ねられました。一緒にいた老山伏が紹介すると、その長老の山伏は今までの世の移り変わりを詳細にわたり話してくれました。雲景は老山伏にこの方は何者かと尋ねると、「この方が、天下に名を馳《は》せる太郎坊であらせられる」と言いました。そこで雲景はこれからの天下で起こる大きな出来事、人々の安否《あんぴ》を是非知りたくて尋ねると、にわかに激しい煙が起こり、座していた山伏たちがあわてて建物の外に走り出て行きました。その様子を、夢を見ているような心持ちで見ていると、いつの間にか雲景は京都へ戻っていました。

『太平記』では愛宕山が大天狗太郎坊の居所《きょしょ》となっていて、さらに、濡《ぬ》れ衣《ぎぬ》を着せられ無実の罪で命をなくした高名な人々が天狗となって怨みを晴そうと集まる場所として語られています。

白雲寺＝現・愛宕神社の奥の院には、「火の子」としての迦具槌命《かぐつちのみこと》が、火伏《ひぶ》せ（防火）の神として祀られています。また、火事を起こす魔物と考えられた天狗である愛宕太郎房（坊）も、ともに祀られています。そして、戦《いくさ》にも勝つ力を備えた勝軍地蔵尊は、恐ろしい火事に対しても必ずや力を発揮し、火伏せも叶えてくれるに違いないと、人々は愛宕山に登りました。そして山に多く自生《じせい》している樒《しきみ》を愛宕山の護符《ごふ》として人々は持ち帰り、竈《かまど》に祀って火災から免《のが》れることを祈りました。

子供が三歳までに愛宕山へ参れば一生火災に遭《あ》わないとも言われ、今も険《けわ》しい山を子供とともに登る親子連《づ》れが多いです。

江戸（東京）の愛宕山信仰

愛宕山《さん》は全国に信仰の場を広げました。

江戸時代、徳川家康は江戸の防火のため、京都の愛宕山の愛宕権現を、現在の東京都港区の地にある山（丘陵《きゅうりょう》）に勧請《かんじょう》（神仏を招くこと）し、以来、その山は「愛宕山《あたごやま》」と呼ばれ、火伏せの神として江戸中の信仰を集めました。

東京都港区の愛宕山の愛宕神社

山頂からの眺《なが》めは、遠く房総《ぼうそう》の山々、海上の風景は美しく、毎月二十四日が縁日《えんにち》（地蔵菩薩の縁日）で、とりわけ六月二十四日は「千日参り」と言い、大勢の参拝者で賑《にぎ》わうと『江戸砂子《すなご》』は記しています。

その東京の愛宕山には、懸崖《けんがい》の如く直立した八十六段の石段があります。三代将軍家光《いえみつ》が芝《しば》の増上寺《ぞうじょうじ》に参拝の折《おり》、愛宕山上に咲く梅を見つけ、「誰ぞ馬にて取ってくる者があるか」と問うたのを、四《し》国丸亀《こくまるがめ》の城主生駒《いこま》の家《か》臣《しん》・曲垣平九郎盛澄《まがきへいくろうもりずみ》が騎馬《きば》にて登り、取ってきました。それ以来この石段は「出世《しゅっせ》の石段」と呼ばれています。

東京都港区の愛宕山の「出世の石段」

○天狗と神仏習合

天狗や甲冑《かっちゅう》姿の馬に乗った異形《いぎょう》の権現像を拝む姿は、外国人からは迷信に映るのかもしれません。

明治の初め、ドイツ公使として着任したブライト氏が友人の医師とともに寺を訪れた時の話です。青銅の天狗像の足を撫《な》でている老女がいました。孫の足が悪いので治るようお願いをしています。そこで医師は孫の足の治療を引き受け、その甲斐《かい》あって足は治りました。お礼に来た老女にブライト公使は「天狗さまより医者のほうがよかったでしょう」と言うと老女は「天狗さまにお参りしなかったら、あなたさまにお目にかかりませんでした」と答えました（渡辺京二著『逝きし世の面影』）。

明治期、社会は急速に西洋化が進みました。信仰の面でも今までの神と仏が習合《しゅうごう》した形、家に神棚を祀り仏壇を拝むのは宗教的不道徳のように評されました。しかし、この老女の言葉の中に仏教の教理「縁《えん》」という深い心を感じます。神と仏が重なり合い手を合わせる宗教心の中に神秘的な力、聖なる心が息づいています。

二十一の語り

象頭山《ぞうずさん》の金毘羅《こんぴら》さん

○「金毘羅船々《ふねふね》」の歌で有名な神さま

昨今、「讃岐《さぬき》（香川県）」と言うと「うどん」という答えが返ってきますが、江戸時代には讃岐と言えば、まず間違いなく「金毘羅さん」でした。

金毘羅さん（金比羅とも表記）とは、海運《かいうん》守護の神さま、金毘羅大権現《だいごんげん》のことであり、またその金毘羅大権現をお祀《まつ》りする寺社のことで、現在は「金刀比羅宮《ことひらぐう》」を総本社とします。

大阪の安治川《あじがわ》河口、道頓堀《どうとんぼり》には、「讃州《さんしゅう》金毘羅船」と染め抜かれた旗を立てた船が何艘《そう》も横付けされ、活気を盛《せい》していました。そして出《しゅっ》航《こう》となれば、船頭《せんどう》たちは調子をあわせ、

「金毘羅船々　追風《おいて》に帆《ほ》かけて　シュラシュシュシュ　まわれば　四国は讃州　那珂《なか》の郡《こおり》象頭山《ぞうずさん》　金毘羅大権現　一度まわれば　金毘羅船々……」

『四国遍禮霊場記』金毘羅図
（法楽寺蔵）

金毘羅大権現と眷属の天狗が描かれた御影札（松尾寺）

と歌い、帆を張り、那珂港《こう》（丸亀《まるがめ》港）や多度津《たどつ》港をめざしました。リズミカルなこの歌は金毘羅さんを全国に知らしめ、歌が人を呼び、また人が歌を広めていきました。

船には、四国遍路《しこくへんろ》を目的とする人も乗船していました。当時刊行された『四国遍禮《へんれい》霊場記』（元禄二年・一六八九年刊）には、金毘羅さんの境《けい》内《だい》図が描かれ、〃八十八ヵ所の札所《ふだしょ》ではないが、神聖な所なので、遍礼《へんれい》参りの人も詣《もう》でないということがないようここに記す〃とわざわざ断り書きを添えてお寺の紹介をしています。

「山を象頭山と号す。遠望《えんぼう》の山の姿、象（の）頭のごとくなる故に名するなり。寺を松尾寺金光院《まつおでらこんこういん》といふ。路寝《ろしん》、仏塔《ぶっとう》、宝《ほう》甍《ぼう》、尤《もっとも》輪奐《りんおう》（建物は広大で壮麗《そうれい》）たり……本社の上方に岩窟《がんくつ》あり。其中《そのなか》に権現御真体《ごんげんごしんたい》ましますよし……」

と記し、境内図には本社・観音堂・多宝塔《たほう》・鳥居《とりい》・金光院が描かれ、お寺と神さまの建物が同じ境内にあることを紹介しています。

大国主命《おおくにぬしのみこと》と「因幡《いなば》の白兎《しろうさぎ》」

さて、この象頭山、古くは琴平山《ことひらやま》と呼ばれていました（琴平山の名は現在も残っている）。風が山を吹き抜けるとき、木々は琴の音色にも似たさわやかなうなりを発し、山の頂《いただき》は平《たいら》なことが名前の由来でした。

そして、この山には大物主神《おおものぬしのかみ》（別名、大国主命・須佐之男命《すさのおのみこと》・大黒天《だいこくてん》・国魂《くにたま》神など、多くの名を持っている）が祀られています。

大物主神と同体とされる大国主命は、『古事記《こじき》』にある「因幡の白兎」の話で有名な神さまです。

淤岐《おき》の島（島根県の隠岐《おき》の島か）に住む兎が、因幡国（鳥取県東部のことか）に渡るすべがなかったので、鰐鮫《わに》（ここでは爬虫類のワニではなくサメのこと）に、「あなたの仲間と兎の数のどちらが多いだろうか。教えてあげる。気多《けた》の崎《さき》まで並んでごらん」と言って鰐鮫たちの背中を数えながら走り渡ります。もうすぐという時、兎は「渡りたかったからだましたのさ」と言ってしまい、怒った鰐鮫が兎の体毛をすべて剥《は》ぎ取ってしまいました。

これを見た八十神《やそがみ》が「海水に入り、風に当たれば治る」と言ったのでその通りにすると、ますます痛くなる。兎が泣いていると、そこに大国主命が通りかかり、「真水《まみず》を浴び、蒲《がま》の穂《ほ》の上を転がれば元通りになる」と教えました。はたして体毛は元通りとなり、兎は喜びました。

兎は大国主命に、「八十神が求婚している女神・八上比《やかみひ》売《め》は、八十神ではなくあなた（大国主命）と結婚しますよ」と予言し、その通りになりました……。

大国主命は、慈《いつく》しみのある神、医薬の神、縁《えん》結びの海の神として慕《した》われ、よく知られた神さまです。

金刀比羅宮・旭社。かつての象頭山松尾寺金光院の金堂。

○象頭山松尾寺金光院とは

象頭山

また琴平山には修験道《しゅげんどう》の開祖、役行者《えんのぎょうじゃ》（役小角《おづぬ》）が山を開いたという伝承があり、琴平山には修験者が籠《こも》り、庵《いおり》、寺院が建立《こんりゅう》されました。やがてその中の一院、松尾寺金光院が、すべての塔頭《たっちゅう》（普門《ふもん》院・真光《しんこう》院・萬福《まんぷく》院・尊勝《そんしょう》院など）を統括《とうかつ》し、象頭山に真言密教《しんごんみっきょう》の伽藍《がらん》が築かれました。そして寺の鎮守《ちんじゅ》神として、インドのガンジス河に棲《す》む鰐《わに》（サンスクリット語でクンビーラ）を起源とする金毘羅神（＝金毘羅大権現）を勧請《かんじょう》。寺内に祀りました。

金毘羅神は薬師如来《やくしにょらい》の眷属《けんぞく》（従者）である十《じゅう》二《に》神将《しんしょう》の一神・宮毘羅《くびら》大将のことであり、仏法守護の役目を担《にな》う神で、単独では徳島の箸蔵《はしくら》寺《じ》、伊予《いよ》（愛媛県）の金毘羅寺、金沢の雨宝《うほう》院などに祀られました。そしてその神名の起源から、水のご利益《りやく》があると考えられました。

讃岐は雨が少ない地域です。雨を降らせる神は農業を営む人々の生死を左右する最も大切な存在でした。また、瀬戸内水運《せとないすいうん》の要地《ようち》・塩飽《しわく》諸島の海運に従事する人々も、海運の守り神として金毘羅神に全幅《ぜんぷく》の信頼をよせ、崇《あが》めました。

松尾寺はお釈迦さまがご本尊でした。お釈迦さまの生まれた天竺《てんじく》（インド）の、伽耶《がや》という地の西方にある山が、象の頭に似ているところから象頭山と呼ばれていました。お釈迦さまはその近くを流れる川で沐浴《もくよく》・瞑想をし、悟りを開かれました。

その故事《こじ》に倣《なら》い、琴平山も象の姿に似ていること、松尾寺のご本尊がお釈迦さまということと重ね、寺の山号《さんごう》を象頭山松尾寺金光院と定めました。やがて、お寺の鎮守神、金毘羅神（宮が人々に熱烈に受け入れられるにつれ、琴平山は象頭山と呼ばれるようになります。

○「象」とお釈迦さま

日本で象が人々の目に触れたのは室町時代（一三九二〜一五七三）でした。

仏教説話の中では、「象」は仏を象徴する動物として語られています。次のような説話があります。

天竺の林に、白色の大きな象が木の実や草、清水を汲《く》み、盲目になった老いた母象を養っていました。

ある時、一人の男がこの林に迷い込み、出口を見失い悲歎《ひたん》に暮れていました。白象は哀れに思い、道を教え、送り返してやりました。林を抜け出した男は町に戻り、国王に「私は白い大きな素晴らしい象を知っています。捕まえれば役に立つこと間違いありません」と進言しました。国王はこの男の案内で、軍勢を率《ひき》いて林に出かけ、象狩りをし、その白象を捕まえ、王宮に戻りました。

しかし白象は、与えられる草も水も木の実も一向に食しません。象舎の者たちは、このままでは死んでしまうぞ、とその様子を国王に報告しました。国王は自ら象舎に行き、「お前はどうして水も草も口にしないのだ」と問いました。すると白象は、「私の母は盲目で歩くことができません。私が永年世話をし、命をつないでいたのです。老いた母は私がいなくなって幾日も食べ物がなくきっと飢えているに違いありません。それを思うとどうして私が草や水、木の実を食べることができるでしょうか」。

国王はこれを聞き、白象を放してやりました。

象は今も動物園の人気者。大きな体に似合わぬ小さな瞳がやさしげです。お釈迦さまと深く関わっているのも頷《うなず》けます。

象頭山と天狗《てんぐ》信仰

保元《ほうげん》の乱（一一五六）で敗れ讃岐国に配流された崇徳上皇《すとくじょうこう》も金毘羅神を敬い、松尾寺金光院に参籠《さんろう》（長寛《ちょうかん》元年＝一一六三年）しました。崩御《ほうぎょ》（死去）され、白峯寺《しろみねじ》境内に陵《みささぎ》が築かれ祀られました。松尾寺金光院にも御霊《みたま》を合祀《ごうし》しました。

こうして象頭山は、神さま仏さま上皇さまをお祀りする社殿《しゃでん》が次第に増えていきました。

また、象頭山は、天狗信仰の山でもありました。金毘羅神の眷属は天狗とされ、金毘羅坊《ぼう》と呼ばれています。

金毘羅神を一心に拝み、象頭山の発展に寄与した四代別当《べっとう》・宥盛僧正《ゆうせいそうじょう》は、慶長十八年（一六一三）、入寂《にゅうじゃく》するにあたり、死して天狗となり、当山を守護すると言い遺《のこ》したと伝えられています。

象頭山のある琴平町から二〇キロメートルほど離れた徳島県三好《みよし》市の箸蔵寺《はしくらじ》は、金毘羅さんの〝奥の院〟と言われています。その箸蔵寺と琴平町には、「天狗の山おろし」という昔話が語り継がれています。

金毘羅さんの奥山には、天狗さんが住んでおりました。毎年十月十日、金毘羅さんでは大祭が行われ、多勢の人が食事をしました。その食事に使ったお箸《はし》は、全部まとめて川の水できれいに洗い、となりの国（徳島県）の箸蔵寺さんに十一日にお納めする習わしになっていたそうな。

箸蔵寺・御本殿

ところがある年のこと、お寺（松尾寺）の小僧さんがちょっといたずら心をおこして、洗った箸を木の上に隠してしまったのです。お箸を箸蔵寺さんにお納めしなければ金毘羅さんの祭りは終わらない。皆で手分けをしてあちこち探しまわりましたが、どうしても見つかりません。

仕方なく奥山の天狗さんに理由を話し探してくださるよう頼みに行きました。「それは大変じゃのう」と天狗さんは大団扇《おおうちわ》を持って山中を駆《か》け巡り、探しまわられました。その時の風のすごかったことといったら……。山全体が揺れ動き、町の人々は震え上がるほど。さすがのいたずら小僧もびっくりして箸の隠し場所に案内し、謝りました。それでお箸が無事にもどり、お祭りが終わりました。

それ以来、琴平の町では、子供がいたずらをしたり、親の言うことを聞かないと「そんなことをしたらお山の天狗さんに頼んで山おろしをしてもらうぞ」と諭《さと》すようになりました。だから金比羅さんの町の子は皆、賢いのだそうです。

今でも大風が吹くと「天狗さんの山おろしや」と言うそうですよ。

今も天狗さんたちが守る金毘羅信仰

三つのお話を書きました。大国主命、象頭山松尾寺金毘羅神、神通力《じんづうりき》を持ち山を駆け巡る天狗のお話です。

この三つの組み合わせが、一つの山（象頭山）で共存し、力を発揮したのでした。詣でる人々に、安心・安全を与え、恐れを除去し、楽しい信仰の山となりました。

人々は一三六八段の階段を登り、人間の英《えい》智《ち》と技術を結集して建てられた荘厳《そうごん》な金堂《こんどう》や書院《しょいん》、そこに祀られている仏さま、権現さまに頭を垂《た》れ、襖絵《ふすまえ》に感動し眺める、美しい風景に我を忘れるという信仰の妙味《みょうみ》を味わいました。

烏天狗の奉納額（箸蔵寺）

しかし明治期の神仏分離令によって、仏教、神道、修験がバラバラにされてしまいました。けれども、象頭山の岩壁にも、また松尾寺本堂奥にも、箸蔵寺の御本殿《ごほんでん》にも、金毘羅神の眷属である天狗さんがお祀りされており、今も象頭山と金毘羅信仰を守っておられます。

二十二の語り

富《ふ》士《じ》山《さん》と富《ふ》士《じ》浅《せん》間《げん》大《だい》菩《ぼ》薩《さつ》

富士は日本一の山

「あたまを雲の上に出し、四方の山を見おろして　雷さまを下に聞く　富士は日本一の山……」

明治四十四年、尋常《じんじょう》小学校唱歌《しょうか》として、富士山が全国の小学校で歌われました。

富士山は円錐形《えんすいけい》の独立した峰、広い裾野《すその》を持つ日本一高く美しい山として尊崇され、『万葉《まんよう》集《しゅう》』の歌になり、江戸庶民《しょみん》に人気の浮世絵《うきよえ》にも描かれ、御伽噺《おとぎばなし》の夢物語の中でも語られてきました。

日本の書物に初めて富士山が登場するのは、奈良時代に書かれた『風土記《ふどき》』で、その文章の始まりは、常陸国《ひたちのくに》（茨城県）についてです。

——昔、祖神尊《みおやのみこと》（すべての神の母神）が、国々の神さまたち（祖神尊の子どもの神々）を訪ねて巡行《じゅんぎょう》していました。ある日、駿河国《するがのくに》（静岡県）の福慈《ふじ》の岳《やま》（富士山）を訪ねていると、そこで日が暮れてしまったので、（祖神尊の子どもの一人である）福慈の神に泊《と》めてくれるよう切望しました。しかし福慈の神は「ただいま、新穀《しんこく》祭《さい》（新嘗祭《にいなめさい》）のさなかです。外からの人を近づけないで謹《きん》慎《しん》しております。よっておお宿を貸

富士山
（撮影：河津日出男氏）

すことはいたしかねます」と断りました。

祖神尊はその言葉に驚き、ため息をつき、涙を流し、非難する口調《くちょう》で申しました。「私はあなたの親ですよ。どういうことです。親を泊めないというなら泊まりません。あなたのいる山は生涯にわたり、冬にも夏にも雪が降り、霜《しも》に被《おお》われ、とても寒く人も登れません。そして飲食の品を山の神に供《そな》える者もないでしょう」と宣告しました。

そして、祖神尊は次に（常陸国にある）筑波《つくば》の岳を訪ね、宿を請いました。筑波の神（福慈の弟）は「今夜は新嘗祭をするので客人は家の内に入れられないのですが、母神さまの宿を（貸すことを）せよというお言葉をお受けしないわけにはまいりません」と丁重《ていちょう》に拝し、飲食の席を設《もう》け、手厚く待遇《たいぐう》しました。

祖神尊はとても歓《よろこ》び、歌いました。「愛すべきわが子、筑波の神よ。神の宮居《みやい》は立派で高く大きく、天地、月日と等《ひと》しく、永久に変わるところはありません。人々は神山に登り集まって祝い、神への供物《くもつ》も豊かにいつまでも絶《た》えることなく、一日一日と栄《さか》えを増して、千年万年の後まで、神山の遊楽《ゆうらく》は尽きないでしょう」（『神《しん》道集《とうしゅう》』意訳）

このように記されています。筑波に住む古老《ころう》が役所の官職に報告した話なので、筑波のお国自慢のようですが、神代《かみよ》の世界も親に対する子どもの態度、親が幼者《ようしゃ》を哀憐《あいりん》する姿勢が述べられているのが面白いです。ただ、日本一の富士山としては少しかわいそうですね。

富士山と聖徳太子《しょうとくたいし》、役行者《えんのぎょうじゃ》

古代から富士山は頭上に雪を戴《いただ》き、年中寒く、人を寄せつけず、眺《なが》めることしかできない山でした。もしもそこに登ることができる人がいたら、それは人間の能力を超えた神秘の力を有する神仏と同じ存在である、という認識でした。逸話《いつわ》の世界では、富士山に登ることができたのは聖徳太子や役行者といった聖者だけでした。

『聖徳太子伝暦《でんりゃく》』には、「聖徳太子二十七歳の時、甲斐国《かいのくに》（山梨県）から黒い駿馬《しゅんめ》が献上された。太子はその馬に跨《また》がり、舎人《とねりのちょう》調使麻呂《しまろ》をお伴《とも》に従えて神岳《しんがく》であった富士山の頂上を目指して駆《か》け上り、頂上に至ると、そこから信濃国《しなののくに》（長野県）に行き、越後《えちご》（新潟県）と越中《えっちゅう》（富山県）、越前《えちぜん》（福井県）をまわって帰ってきた」という話が書かれています。まるでお釈迦さまとその愛馬《あいば》カンタカのようです。

〝シッダールタ（お釈迦さまの本名）は、愛馬カンタカに乗って従者チャンダカと共に雪山に登って修行し、悟りを開き成道《じょうどう》した〟という話がモチーフとなり、聖徳太子をお釈迦さまに擬《ぎ》し、太子の仏教興隆《こうりゅう》の事蹟《じせき》を結びつけ、「絵伝《えでん》」（絵解説法図《えときせっぽうず》）となって太子ゆかりの四天王寺《してんのうじ》や鶴林寺《かくりんじ》、橘寺《たちばなでら》、上宮寺《じょうぐうじ》など、いくつかのお寺に伝わっています。

「聖徳太子絵伝絵巻」
（重文、茨城・上宮寺蔵）

また、山岳は登り、留《とど》まり、修行をするところで、山の神霊と交流し、そこに住する鬼神《きじん》・荒魂《あらみたま》を従わせることができる力を身につける場でもありました。

山で修行する聖《ひじり》、沙弥《しゃみ》、優婆塞《うばそく》を、修験者《しゅげんじゃ》とか山伏《やまぶし》と呼びます。その祖として大和国《やまとのくに》（奈良県）葛城山《かつらぎさん》に住し活躍した役小角《えんのおづぬ》（役行者・奈良時代）がいました。

文武《もんむ》天皇三年（六九九）、役小角の力を恐れた韓国連広足《からくにのむらじひろたり》が、「朝廷《ちょうてい》に凶事《きょうじ》が起こると役小角が言いまわって人々を惑わしている」と讒言《ざんげん》（ウソを言って訴えること）をしました。役小角はこの讒言《ざんげん》によって伊豆国《いずのくに》（静岡県伊豆半島）の島に流されました。昼間は留置《りゅうち》の伊豆にいて母に孝養《こうよう》をつくし、夜は駿河国の富士山に登って修行し、その罪の許されることを山の神に祈ったと『今昔物語《こんじゃくものがたり》』にあります。

富士浅間大菩薩の物語

富士山の神さまは、やがて「富士浅間大菩薩《ふじせんげんだいぼさつ》」と呼ばれ、駿河国の鎮守神《ちんじゅ》とされました。その富士浅間大菩薩について、次のような話が伝えられています。有名な「かぐや姫」の原型となった物語です。

雄略《ゆうりゃく》天皇さまの時代、駿河国富士郡《ふじのごおり》に管竹《つつたけ》の翁《おう》と加竹《かちく》の嫗《おうな》という老夫婦が住んでおりました。二人は、この世は何とか過ごしているが、私たちが死して後、極楽往生《ごくらくおうじょう》できるように仏《ほとけ》祀《まつ》りをしてくれる御魂子《みたまご》がほしいといつも話をしていました。

ある日、庭の竹林から年の頃五つか六つぐらいの可愛らしい幼女が現れ、家の中はパッと明るくなりました。老夫婦は大喜び、赫夜姫《かくや》と名付け、大切に養育しました。

やがて赫夜姫の容姿の美しさに見せられた時の国司《こくし》が求婚し、二人は仲の良い夫婦となりました。歳月が経つのは早く、老夫婦も亡くなりました。ある日、赫夜姫は国司に語りました。「私は富士山の仙女《せんにょ》です。老夫婦とは前世《ぜんせ》の宿縁《しゅくえん》があり、養育のため下界《げかい》に下《お》り、姫となりました、今その恩徳《おんどく》のお返しも済み、あなたとの縁も終わります。今から仙宮《せんぐう》に帰ります」。

これを聞いた国司は、姫との別れが悲しく、愛おしさが増していきました。しばらくして姫は「私は富士山の頂上にいます。いつでも逢《あ》いにきてください。そして、時々この箱の蓋《ふた》を開けてご覧ください」と言って反魂香《はんごんこう》（焚《た》けば死者が姿を現すと伝えられる香）を入れた箱を与えるとすっと姿を消し、国司は一人床《とこ》に残されました。国司は寂しさに耐えかねて時々箱の蓋を開けてみると煙が湧き出て、その中に姫の姿がぼんやりと見えるのです。国司はいよいよ悲しく、ついに富士山の頂上に登りました。

そこには池があり、そこから煙が立ち昇り、

富士山本宮浅間大社・社殿
（静岡県富士宮市）

「絹本着色富士曼荼羅図」
（重文、富士山本宮浅間大社蔵）

その中から姫の姿がほのかに見えました。国司は箱を懐《ふところ》に入れると、池の中の姫のもとに身を躍《おど》らせたのでした。

やがて赫夜姫と国司は神となって現れ、富士浅間大菩薩と呼ばれ、長い年月をかけ衆生《しゅじょう》を利益《りやく》するために、山の頂上から里へ下りました（『神道集』より）。

里に下《くだ》った富士浅間大菩薩は、恋の神としても慕《した》われました。このような逸話があります。

昔、恋しい男性につれないくされ、疎遠《そえん》になった女性がいました。それでも女性はその男性を恋しく思い続けていたのでした。ある日、恋の神である富士浅間大菩薩に、自分の心根《こころね》を歌にして納めました。

「人しれぬ　思ひはつねに富士の根のたえぬ煙はわが身なりけり」

（富士の山は煙を燃やしている。私も人知れぬ思いの火を常に燃やしているから、富士の山の絶《た》えぬ煙は我が身そっくり）

と詠《よ》み奉《ほう》じたのです。するとその日に男性が帰ってきて、元のように仲良く日々を過ごしたといいます。

●富士の女神・コノハナノサクヤヒメ

富士浅間大菩薩とは、右記の物語では赫夜姫と国司の夫婦が神となった姿としていますが、古来より富士山とゆかりの深い女神・木花之佐《このはなのさ》久夜毘売命《くやひめのみこと》のことだとも言われています。また、観音《かんのん》菩薩だとも言われます。「富士浅間大菩薩」という呼称の中に、いろいろな神仏の属性が習合《しゅうごう》していたのでした。

富士山の南麓《なんろく》と山頂にある富士山本宮浅間《ほんぐうせんげん》大社《たいしゃ》（全国の浅間神社の総本社）は、富士浅間大菩薩を祀る神社でしたが、明治期の神仏分離令発布後は、「大菩薩」という仏教的な称号がついているこの呼称は用いられなくなり、現在、祭神《さいじん》のお名前は「木花之佐久夜毘売命」と明示されています。

さて、この木花之佐久夜毘売命について、『古事記』に有名な話があります。

山と海を支配する神、大山祇神《おおやまずみのかみ》に二人の娘がいました。木花之佐久夜毘売命（桜・梅、その花が美しく咲くように、物事が成就《じょうじゅ》し繁栄する意）、石長比売命《いわながひめのみこと》（岩石の精霊。石や岩は不変の意）です。高天原《たかまがはら》に降り立った邇邇芸命《ににぎのみこと》が、大山祇神のすすめで二人の姉妹と結婚しました。姉妹のうち妹の木花之佐久夜毘売命は美しく、姉の石長比売命は無骨《ぶこつ》な姫でした。

やがて、邇邇芸命は石長比売命を疎《うと》ましく思い、返してしまいました。娘を返された大山祇神は、妹だけを幸せにしたのでは天孫《てんそん》の命も木の葉のようにはかないものとなるでしょう、と嘆《なげ》きました。

やがて、木花之佐久夜毘売命は懐妊《かいにん》。姉の石長比売命は、もしも私が子を産んだら石のように長い寿命になるのにと悔しがりました。

木花之佐久夜毘売命の出産の時、燃える炎の産屋《うぶや》で三人の子（火照命《ほてりのみこと》、火須勢理命《ほすせりのみこと》、火遠理命《ほおりのみこと》）を無事出産したという故事《こじ》から、木花之佐久夜毘売命は安産の神として慕われています。

狩野探幽《かのうたんゆう》「富士十二景図《けいず》」

さて、余談になりますが、私方《わたくしかた》の寺（大阪・

法楽寺）には、狩野探幽の描いた「富士十二景図」が伝わっています。富士山に積もった雪やたなびく雲煙《うんえん》に変化をつけ、月ごとに変化をさせる「月次絵《つきなみえ》」です。

狩野探幽「富士十二景図」正月（法楽寺蔵）

この絵が描かれた経緯は、明暦《めいれき》三年（一六五七）正月、江戸の大火で探幽の屋敷も猛火に包まれ、また探幽は日頃愛蔵していた「棚付茶入《たなつきちゃい》れ」を弟子に渡し、守ってくれるように頼みました。ところが、その弟子も焼死し、茶入れだけがその側《そば》に転がり残っていました。

その茶入れを飛脚《ひきゃく》が拾い、京都で売り払いました。求めた道具屋は、あまりの名器に後で咎《とが》めがあってはいけないと、京都所司代《しょしだい》に届けました。牧野佐渡守《まきのさどのかみ》はこの茶入れを見て、以前、探幽の茶会《ちゃかい》で目にした茶入れによく似ていると、早速手紙をしたためました。

茶入れを失い失意の中にあった探幽は喜び、是非とも買い戻したいと申し出ました。佐渡守は、道具屋から三百貫《かん》で求めたので「三百貫で結構です」と言いますが、探幽が「それはあまりに安すぎる」というので、それなら月釜《つきがま》に掛ける絵、それも不二山《ふじさん》（富士山）がほしいと申し出ました。そしてこの十二景図が誕生しました。

十二景のうち八景は、その時代、航行《こうこう》する

船、雁《かり》の列、暮雪《くれゆき》……など中国の故事にならった八景をモチーフにしました。しかし、残り四幅の構図がありません。考えに考え、富士山を詠んだ歌、山辺赤人《やまべのあかひと》、在原業平《ありわらのなりひら》、僧慈鎮《じちん》、西《さい》行《ぎょう》の歌をもとに富士を描き上げました。

——いつの時代も富士山は理想をもって描かれてきました。その理想の姿が世界の文化遺産になるといいですね。

二十三の語り

天橋立《あまのはしだて》と元伊勢《もといせ》の神々

イザナギノミコトの愛の証《あかし》〝天橋立〟

橋、梯子《はしご》は、隔《へだ》てられた二つの世界を繋《つな》ぎ、人と人との往《ゆ》き来《き》を助け、行動範囲を広げる役割を担《にな》っています。

天に在《おわ》する神さまも、地上と往き来する手段を必要としました。京都府の北部、宮津湾《みやづわん》に架《か》かる長い岬《みさき》は、神さまが使われた椅《はし》（橋、梯子）という伝説があり、〝天橋立〟と呼ばれ、「日本三景」の一つとして知られています。

『丹後国風土記《たんごのくにふどき》』には、その〝天橋立〟についての由来が記されています。

「與謝《よさ》の郡《こおり》（京都府与謝郡）、郡家《こおりのみやけ》（郡の役所）の東北《うしとら》の隅《すみ》の方《かた》に速石《はやし》（波也之郷《はやしのこおり》）の里あり。此《こ》の里の海に長く大きなる前《さき》（岬）あり、その長さは一千二百二十九丈《つえ》（約三・五キロメートル）。砂浜の先《さき》のところを天の椅《はし》だてと名づけ、後《しりを》を久志《くし》の浜（後

天橋立
（京都府宮津市）

代に文殊堂智恩寺《もんじゅどうちおんじ》が建立《こんりゅう》された場所）と名づく」

このような前書きがあり、お話が続きます。

「日本の国をお生みになられた伊射奈芸《いざなぎの》命《みこと》（伊邪那岐命）が、天から真名井原《まないはら》（伊射奈芸命の意中の女神がおられる場所）に通《かよ》おうとして、梯子を造られました。その梯子を〝天橋立〟と言いました。

ところが、伊射奈芸命が一夜寝ている間に、梯子が仆《たお》れ伏《ふ》してしまったのです。伊射奈芸命は霊妙《れいみょう》（尊く不可思議なこと）の働きで、天に立てかけてあった梯子が、神が寝ている間に仆《たお》れ、海に伏して砂浜になってしまったのだと思われました。

それ以来、ここを久志備《くしび》の浜と言い、それが後《のち》の世になって言葉がなまり、久志《くし》と言うようになったのです。そして、天橋立の東の海を與謝《よさ》の海と言い、西の海を阿蘇《あそ》の海と言うのです。この二つの海には雑《くさぐさ》(色々な)の魚貝《うおかい》が生息していますが、ただ蛤《うむぎ》(はまぐり)は少ないのです」(逸文《いつぶん》・散失した残りの文章。意訳)

伊射奈芸命が、真名井原の女神に心を寄せられ慈《いつく》しむ(愛する)思いが椅《はし》(橋、梯子)にやどり、椅が自ら仆《たお》れて、〝天橋立〟という雄大な景観を女神に差し上げられたのですね。もしかすると〝天橋立〟は、伊射奈芸命の女神への愛の証《あかし》なのかもしれません。

●「天橋立真景図《しんけいず》」と元伊勢籠《この》神社

この美しい〝天橋立〟の景色を、室町後期の画僧《がそう》・雪舟《せっしゅう》(一四二〇～一五〇六)は、一《いち》畳《じょう》敷《じき》にもおよぶ水《すい》墨画《ぼくが》「天橋立真景図」として描いています。下《した》絵《え》のみが現存し、現在、京都国立博物館所蔵の国宝となっています。

「元伊勢」として崇敬される籠(この)神社
(京都府宮津市)

絵の左側には文殊菩薩信仰で栄える文殊堂智恩寺と塔が描かれ、そこから横一文字に白砂《はくさ》と松林が続き、「元伊勢《もといせ》」(後述)と崇められる籠宮《このみや》(正一位《しょういちい》籠《こ》之《の》大明神《だいみょうじん》と記される）の鳥居《とりい》に至ります。砂浜の松林は、神社に通じる参道《さんどう》になっています。籠宮の本殿《ほんでん》は朱色で強調され、そこから天に至るように道が続き、観音霊場《れいじょう》で有名な成相寺《なりあいじ》もまた、朱色が入れられ山頂に広がる坊舎《ぼうしゃ》も丁寧《ていねい》に描いています。海辺に目をやると、本来、〝天橋立〟からは見えないはるか遠方（二十キロ先）にある籠宮の祭神《さいじん》・彦火明命《ひこほあかりのみこと》が降臨《こうりん》された冠島《かんむりじま》と、后《きさき》神《がみ》・市杵嶋姫命《いちきしまひめのみこと》が天降《あまくだ》りされた沓島《くつじま》を籠宮近くの海に引き寄せ、描いています。

籠神社の奥宮・真名井神社

　このように見ると、「天橋立真景図」はただの風景画ではなく、そこに画僧・雪舟が観音信仰、文殊信仰、さらに神祇《じんぎ》信仰の代表である籠《この》神社（籠宮）の縁起《えんぎ》を深く読み取り、描いた作品になっていると思えるのです。

　この、京都府宮津市にある籠神社は、彦火明命（上賀茂《かみがも》神社と同じ神・異名同神）が籠船《かごふね》に乗られ、海神宮《かいじんぐう》（竜宮《りゅうぐう》）へ行かれたという神事《しんじ》によって、籠神社という社名がついたという言い伝えをもつお宮です。

　そして、奥宮《おくのみや》の真名井《まない》神社には二つの盤座《いわくら》があり、主座《しゅざ》は豊受大神《とようけのおおかみ》、西座《にしざ》には天照大御《あまてらすおおみ》神《かみ》、伊邪那岐《いざなぎ》、伊邪那美《いざなみ》大神が祀《まつ》られています。神に仕《つか》える祝部《はふりべ》として代々、海部《あまべ》の家系がつづき、現在は八十二代の祝《はふり》が務められています。その系図は日本最古であり、国宝に指定されています。

●伊勢神宮と「元伊勢」の関係とは

前述の籠宮《このみや》（籠神社）は、「元《もと》伊《い》勢《せ》籠神社」とも呼ばれています。〝元伊勢〟とは、伊勢神宮（三重県伊勢市）の内宮《ないくう》（皇大神宮《こうたいじんぐう》）と外宮《げくう》（豊受大《とようけだい》神宮《じんぐう》）が、現在地へ遷《うつ》る前に、一時的にでも祀《まつ》られたことがあるという伝承をもつ神社のことです。それゆえ籠宮は、伊勢神宮と深いつながりが続いています。

さて、本書が発刊される平成二十五年は、伊勢神宮の、二十年に一度の〝遷宮《せんぐう》〟の年にあたります。神さまは旅をなさいます。お神輿《みこし》に

伊勢神宮・外宮（豊受大神宮）
（三重県伊勢市）

乗って場所を変えられるのですね。伊勢神宮は天照大御神さま、豊受大神さまの二大神が、広大な敷地《しきち》にそれぞれ内宮・外宮として祀られています。

伊勢神宮・遷宮に向けての準備の光景

伝承によると、崇神《すじん》天皇三十九年に天照大御神が、大和国《やまとのくに》（奈良県）笠縫《かさぬい》邑《むら》から丹波《たんば》乃吉佐宮《のよさのみや》（与謝宮）に遷幸《せんこう》（他の場所に移ること）され、同じ時に豊受大神が天降《あまくだ》って御饗《みあえ》（飲食をもてなす）をなさられたと伝えられています。天照大御神は四年間、この吉佐宮にとどまっていました。その後また諸国《しょこく》を巡行され、垂仁《すいにん》天皇の御代《みよ》に現在の伊勢の内宮に鎮座《ちんざ》されました。豊受大神は、雄《ゆう》略《りゃく》天皇の御代まで吉佐宮に鎮座されていて（五百年後）、天照大神が雄略天皇の夢枕に立たれ、

「私は国々処々（あちらこちら）鎮座する所を探し求めた。今は宇治《うじ》の五十鈴《いすず》の河上に鎮座することができた。しかし自分一柱では大層不安である。だから丹波国《たんばのくに》（京都府宮津地方）から私の御饌都神《みけつがみ》（食事を整える神）として、豊受大神（等由気《とようけ》大神）を私の所に招いてほしい」

と言われました（『止由気官儀式帖』）。そこで雄略天皇二十二年（四七八年）、山田原《やまだはら》に御饗殿《みあえでん》を

建立（外宮）されたと伝えられています。

丹波地方に伝わる古い民謡では、

「伊勢に詣《まい》らば元伊勢詣れ、元伊勢お伊勢の故郷《ふるさと》じゃ、伊勢の神風《かみかぜ》海山超えて、天《あまの》橋立《はしだて》吹き渡る」

と歌われています。

●真名井御前《まないごぜん》と弘法大師《こうぼうだいし》

兵庫県西宮市《にしのみやし》に、兜《かぶと》の形をした美しい円形の山、甲山《かぶとやま》があります。その中腹《ちゅうふく》には弘法大師空海《くうかい》のゆかりの神呪寺《かんのうじ》があります。境内《けいだい》からは大阪湾を一望《いちぼう》でき、阪神《はんしん》間の優雅な夜景を楽しむことができます。ここに籠宮《このみや》と深いつながりを持った、〝真名井御前《まないごぜん》〟の話があります（『元伊勢の秘宝と国宝海部氏系図』海部光彦編著 参照）。

平安時代の初期、籠宮三十一代の祝《はふり》・海部雄《あまべのお》豊《とよ》に、一人の美しい娘がいました。名前を厳子《いつこ》といい、十歳の頃になると、教養を積むために都に上がりました。聖徳太子が建立した六角堂《ろっかくどう》頂法寺《ちょうほうじ》に入り、女性としての作法を習い、御《ご》本尊《ほんぞん》の如意輪観音《にょいりんかんのん》を日々礼拝《らいはい》し、真言《しんごん》を唱えて帰依《きえ》しました。歌を詠《よ》み書を嗜《たしな》む厳子は、年を重ねるごとに気品《きひん》あふれる美しい女性になりました。

ある時、桓武《かんむ》天皇の第七皇子、後の淳和《じゅんな》天皇が夢の中で、頂法寺六角堂の如意輪観音から、お寺で天女《てんにょ》のような美しい女性が仏に仕え修養《しゅうよう》を積んでいることを聞き、目覚めました。皇子は早速に頂法寺を訪ね、お参りをすると、そこに夢で見聞きした優美な女性・厳子姫に出会い、皇子はいたく感動し、姫と親しく話をしたのです。
やがて、天皇に即位《そくい》するや第四王妃として宮中《きゅうちゅう》に迎え、厳子姫の郷里にちなみ真名井御前と呼び、何かにつけてお傍《そば》近くに置いて寵愛《ちょうあい》されました。しかし帝《みかど》から「真名井御前」と名前が出るごとに周囲は嫉妬心を燃やし、真名井御前は世の無常を感じ、帝に出家《しゅっけ》を願いでました。そして天長《てんちょう》五年（八二八）、和気清麻呂《わけのきよまろ》の孫娘の女官《にょかん》二人を伴《ともな》って、西宮の甲山《かぶとやま》に庵室《あんしつ》を設《もう》け、如意輪観音を奉《たてまつ》り、観音の真言を唱える日々を過ごされたのです。

甲山・神呪寺（兵庫県西宮市）

これより以前、真名井御前が宮中に居る時、日《ひ》照《で》りで多くの人が困り、弘法大師が雨乞《あまご》いをしたことがありました。その時、真名井御前は郷里に伝わる浦島太郎の竜宮から授かったという竜神の玉が入った箱を弘法大師に与え、雨乞いをお助けしました。その縁《えん》で、天長八年（八三一）弘法大師を招き、出家・得度《とくど》をしました。法名《ほうみょう》（出家の名）を如意尼《にょいに》と授かり、また二人の女官は如一《にょいち》、如円《にょえん》と授けられたのです。

大師は、如意尼の清らかな美しい心とその姿に深く感じ入り、境内の大きな桜の樹木を選び、三十三日の日を費《つい》やして如意尼の姿を写

神呪寺の如意輪観音像（重文）

し、大悲《だいひ》の如意輪観音像を彫りあげました。

一方、如意尼は大師がのみで彫られる間中《あいだじゅう》、如意輪観音の真言を唱え続け、その真言の数は三千遍《べん》に到達したと言います。やがて、尊像《そんぞう》が完成すると、如意尼は天竺《てんじく》（インド）摩訶陀国《まかだこく》の五衰殿《ごすいでん》せんこう女御《にょご》の故事にならい、自らの髪を三つに束《たば》ね分《わ》け裁《き》り、一束は大悲の尊像に献《けん》じ、一束は宮中に奉り、一束は弘法大師に施《ほどこ》したといいます。完成した尊像は、秘仏《ひぶつ》として神呪寺に奉られ、現在も「如意輪融通《ゆうずう》観音」と呼ばれ信仰されています（「融通」とは、如意輪観音の六臂《ひ》＝六本の手の一つに握られている如意宝珠を表す語）。河内《かわち》の観心寺《かんしんじ》、大和の室生寺《むろうじ》のそれぞれの如意輪観音像とともに、「天下の三如意輪」と言われているのです。

この因縁《いんねん》によって、寺の名前を神呪寺と呼ぶようになりました（神呪は真言の意）。

伝弘法大師筆「大明神」（籠神社蔵）

さて、淳和天皇は承和《じょうわ》二年（八三五）正月に、甲山神呪寺に御幸《ごこう》され、尼になられた如意尼の一途な求道心《ぐどうしん》に感激され、山下の田園《でんえん》一百町をお寺に寄進されました。

神代《かみよ》の代から伝わる祝部の家系に生まれた厳子姫は、縁あって弘法大師と出会い、出家。承和二年三月二十日三十三歳で遷化《せんげ》されました。

今、籠《この》神社の宝物《ほうもつ》に、伝弘法大師筆「大明《だいみょう》神《じん》」の一幅《いっぷく》が伝わり、真名井御前の説話とともに大切に護持《ごじ》されています。それは、時代が変わっても、人々が神と仏のつながりを大切にしてきたことを語っているのです。

二十四の語り

重源《ちょうげん》と東大寺《とうだいじ》と多賀明神《たがみょうじん》

●東大寺の焼失に涙した聖者

治承《ちしょう》四年八月十七日、源頼朝《みなもとのよりとも》が挙兵《きょへい》すると、平家《へいけ》は鎮圧のため駿河《するが》（静岡県）の富士川に陣を取りました。ところが十月二十日早朝、鳥の羽撃《はばた》きを奇襲と誤り敗走するという大失態をおかし、これを機に各地に公然と叛旗《はんき》をひるがえす動きが広まります。栄華の絶頂にあった平家が、破局への道を踏み出しました。

都に近い奈良・興福寺《こうふくじ》の僧兵《そうへい》の動きに苛立《いらだ》った平清盛《たいらのきよもり》は、五男の重衡《しげひら》を大将に四万の軍勢を向かわせました。

同年十二月二十八日、頑強《がんきょう》に抵抗する僧兵や民衆七千余。この状況を『平家物語』は、「夜戦になって暗さは暗し、総大将（重衡）が般若寺《はんにゃじ》門前に出で立って〝火をいだせ。同士討《う》ちになってはならぬ〟と下知《げじ》……」と語っています。民家に放たれた火は吹き荒れる風で火の粉《こ》が舞い飛び、次々と家々にも燃え移りました。猛火は伽藍《がらん》を焼きつくし、やがて木造建築最大の奈良・東大寺《とうだいじ》の大仏殿《だいぶつでん》も、火の塊《かたまり》と化しました。

年が明けた治承五年二月下旬、荒寥《こうりょう》たる東大寺大仏殿の焼け跡に、高齢で痩身《そうしん》、眼光《がんこう》鋭い

重源上人坐像
（重文、兵庫・浄土寺蔵）

一人の聖《ひじり》が念珠《ねんじゅ》をまさぐり、涙ながらにお経を誦呪《じゅじゅ》する姿がありました。

聖の名は、俊乗房重源上人《しゅんじょうぼうちょうげんしょうにん》です。

東大寺再興のために奔走《ほんそう》した重源

重源は、保安《ほあん》二年（一一二一）、京の都を警護する紀季重《きのすえしげ》の末子《まっし》として誕生しました。名は重《しげ》定《さだ》。彼は武士である兄たちとは別の道を選び、十三歳で醍醐寺《だいごじ》の源運《げんうん》の弟子として出家。房号《ぼうごう》を「俊乗房」、僧名を「重源」と授かり、上《かみ》醍醐の円明坊《えんみょうぼう》に住しました。

醍醐寺は、理源大師聖宝《りげんだいししょうぼう》によって貞観《じょうがん》十六年（八七四）に開創されました。聖宝は弘法大《こうぼうだい》師《し》空海《くうかい》の高弟・真雅《しんが》の弟子として出家し、奈良・東大寺で学ぶ一方、修験道《しゅげんどう》の開祖・役行《えんのぎょう》者《じゃ》を慕《した》い、葛城《かつらぎ》・吉野《よしの》一帯で山岳《さんがく》修行の実践

をした僧で、特に真雅より伝授された「無量《むりょう》寿法《じゅほう》」を大切にし、阿弥陀《あみだ》信仰を重要視しました。

醍醐寺の法灯《ほうとう》の中で修行する重源も、聖宝の姿に学びました。重源自身が書いた『南無阿弥《なむあみ》陀仏作善集《だぶつさぜんしゅう》』には、十七歳の時、四国一円《いちえん》の霊地《れいち》・霊山《れいざん》を巡り、それ以後、大峯《おおみね》・熊野《くまの》の葛城・白山《はくさん》・立山《たてやま》に幾度となく分け入って修験者《しゅげんじゃ》（山伏《やまぶし》）として修行したこと、上醍醐で法華経《ほけきょう》千巻を読破、善光寺《ぜんこうじ》で不断《ふだん》念仏、百万遍《ひゃくまんべん》念仏を行ったことが記されています。

重源は三度、宋《そう》に渡りました。仁安《にんなん》二年（一一六七）四十七歳の時、栄西《えいさい》（一一四一～一二一五――臨済宗《りんざいしゅう》の開祖）とともに帰朝《きちょう》しています。現在、和歌山県海草郡《かいそうぐん》美里町《みさとちょう》・泉福寺《せんぷくじ》には、重源が勧進《かんじん》・鋳造《ちゅうぞう》した梵鐘《ぼんしょう》（高野山《こうやさん》・延寿院《えんじゅいん》に施《せ》入《にゅう》）があり、その銘文《めいぶん》に「勧進入唐《にっとう》三度聖人《しょうにん》重源」（この場合の入唐は入宋と同義）と刻まれています。

重源は東大寺大仏殿の焼け跡に長い間佇《たたず》んで、若き日を思い起こしていました。この東大寺の東南院《とうなんいん》に住して華厳《けごん》の教えを学び、聖武《しょうむ》天皇がなぜ大仏建立《こんりゅう》というとてつもない大事

東大寺大仏
（盧舎那仏）

業を発願《ほつがん》したのか、大仏造立《ぞうりゅう》の大工事に多くの民《たみ》の参加を呼びかけ、その日の暮らしにも事《こと》欠《か》く貧しい人々までが参加したこと、その結果、九年の歳月をかけて完成したこと、大仏造立によって人々の心の中に仏が造られ、喜びとなって開眼法要《かいげんほうよう》が行われたこと……。学んだことが走馬灯《そうまとう》のように浮かびます。

そして、聖武天皇自筆の詔書《しょうしょ》（御記《ごき》文）を目の当《ま》たりにした当時の感動が再び身を突き上げ、口をついて発せられるのでした。「我寺興福《わがてらこうふく》せば、天下も興福し、吾寺《わがてら》衰微《すいび》せば天下も衰微すべし」。重源は強く心に念じました。この地獄から這《は》い上がるには、一日も早く大仏を蘇《よみがえ》らせなければならないと、自らに言い聞かせました。すでに六十一歳を迎えた重源は、不退転《ふたいてん》の決意をもって春日大社《かすがたいしゃ》へと歩みました。その夜は焼け残った社殿《しゃでん》に参籠《さんろう》し、大仏再興という大願《たいがん》成就《じょうじゅ》を念じました。

夜中、微睡《まどろ》む重源の前に、春日大神《かすがたいじん》が現れ、「重源余命《よめい》いくばくもなし。大願を成就なさんとせば多賀明神《たがみょうじん》に乞《こ》うべし」と告《つ》げられました。重源は早速に近江国《おうみのくに》（滋賀県）犬神郡《いぬがみのこおり》に在する多賀大社へ向かいました。重源は明神

多賀大社・本殿

東大寺再建のための大木を運ぶ重源と従者の像（山口県・徳地の佐波川沿いに建っている）

の社殿に籠《こも》ります。春日明神の「多賀社へ参れ」という託宣《たくせん》が何よりも心強く有《あ》り難《がた》く思うのは、多賀明神の本地仏《ほんじぶつ》が、阿弥陀如来であることでした。それは重源が阿弥陀信仰と大陸で学んだ知識を持ってこれまで各地におもむき、人々と共に造仏、お堂の建築・治水《ちすい》・道普請《みちぶしん》と、一人一人に安心と希望を与える実践活動をしてきたからです。

重源は明神に、阿弥陀如来の陀羅尼《だらに》一千巻を唱えました。そして満願《まんがん》を迎え退堂《たいどう》する時、草鞋《わらじ》の上に、境内《けいだい》の柏《かしわ》の葉が落ちてきました。その葉には虫食いの跡があり、「莚《むしろ》」という文字に読めました。「莚」は「廿《にじゅう》（二十）」と「延《えん・のびる》」に分けられ、寿命が二十年延びたというお告げだと感涙にむせびました。

寿命を頂戴《ちょうだい》した重源は、急いで奈良に帰ります。治承五年四月九日、東大寺・興福寺の焼失実地検分《じっちけんぶん》をした勅使《ちょくし》・藤原行隆《ふじわらのゆきたか》と直接話をすることができ、重源自らが勧進活動を行い大仏再建をはかる旨《むね》を申し出ました。

六月二十六日には東大寺造立の詔旨《しょうし》が下り、造寺造仏長官に藤原行隆が任命され、八月には重源が勧進職補任《ほにん》の宣旨《せんし》を受けたのでした（『東大寺続要録《ぞくようろく》』）。勧進職は再建のための費用の調《ちょう》達《たつ》から土木建築にかかわる技術者・職人を集めることまで、すべてをしなければなりません。中でも苦労をしたのは材木の調達でした。長さ三十メートル、直径一・五メートルという巨木《きょぼく》を二百本も必要とし、探し出し伐採《ばっさい》、山から運び出して東大寺まで運ぶという壮絶な作業をしなければなりません。しかし、重源は大勧進職に就《つ》いて十四年後の建久《けんきゅう》六年（一一九五）、見事、東大寺大仏殿の再建を果たしたのです。

重源が信仰した神さま・多賀明神

今、多賀大社の近くに、胡宮《このみや》神社があります。そこはかつて敏満寺《びんまんじ》という天台宗《てんだいしゅう》の大きなお寺でした。仁王門《におうもん》があり、本堂《ほんどう》・三重《さんじゅうの》塔《とう》・観音堂《かんのんどう》・金堂《こんどう》と伽藍が整《ととの》い、鎮守社《ちんじゅしゃ》として胡宮が祀《まつ》られました。

胡宮のご祭神は多賀大社と同じ伊邪那岐命《いざなぎのみこと》・伊邪那美命《いざなみのみこと》で、深いつながりがありました。明治期の神仏分離令《しんぶつぶんりれい》によって敏満寺は廃寺《はいでら》とな

多賀明神の本地仏・阿弥陀如来
（国重文、滋賀・真如寺蔵）

多賀大社の「参詣曼荼羅図」
（滋賀・多賀大社蔵）

りましたが、いくつかのお堂は、胡宮の中で残っています。重源は大仏殿再建の際、敏満寺に対し勧進を乞いました。それに応《こた》えた敏満寺の僧たちに宛《あ》てて出した感謝の手紙と仏舎利《ぶっしゃり》の入った五輪塔《ごりんのとう》を贈っています（京都国立博物館依託）。

多賀大社は滋賀県犬上郡《いぬかみぐん》にあり、『古事記《こじき》』にもその名がある古社の一つで、伊邪那岐命（男神）と伊邪那美命（女神）が祭神です。中世以降、神仏習合《しんぶつしゅうごう》の霊場として、「お伊勢《いせ》に参らばお多賀へ参れ、お伊勢はお多賀の子でござる」（伊邪那岐命は天照大神《あまてらすおおみかみ》の父神）、「伊勢へ七度、熊野へ三度、お多賀さまへは月参り」と俗《ぞく》謡《よう》も歌われ、伊勢・熊野とともに庶民の参詣《さんけい》で賑《にぎ》わいました。

神仏習合が進んだ室町時代（一三九二〜一五七三）に、多賀大社の「参詣曼荼羅図《さんけいまんだらず》」が作られました。それを見ると、不動坊・般若坊・成就坊・観音坊の四つの本願《ほんがん》施設が置かれ、坊に所属する僧侶も描かれています。この僧侶たちを「坊人《ぼうにん》」と呼びました。坊人たちは多賀大社の境内図や「参詣曼荼羅図」を携《たずさ》えて全国各地を行脚《あんぎゃ》し、その先々で多賀大社の由緒《ゆいしょ》やそこにまつわる話を語り聞かせ、お札《ふだ》を配って布教活動を行いました。中には多賀明神のお姿を描いた本尊《ほんぞん》掛《か》け軸《じく》を持参し、護摩《ごま》を焚《た》き、祈祷を行う坊人もいました。

その本尊の掛け軸は多賀明神のお姿ですが、伊邪那岐・伊邪那美として描くのではなく、右手に剣、左手に経箱（『無量寿経』）を持ち、黒馬にまたがる勇《いさ》ましい姿で、上左右には日輪・月輪、下左右に独鈷杵・五鈷杵を持つ眷属を描く構図で、多賀信仰のスケールの大きさを示しています。

多賀明神の画像（法楽寺蔵）

○「犬神《いぬがみ》」の物語

「参詣曼荼羅図」には、多賀大社のある犬神《いぬがみの》郡《こおり》（現在は犬上郡《いぬかみぐん》）という地名の由来についての物語が描かれています。

不知也川《いさやがわ》の辺《ほとり》に、一人の狩人が住んでいました。山に入り、鹿や猪を射《い》ることを生業《なりわい》とする猛々《たけだけ》しい男でした。ただ、狩りに連れていく犬だけは、大切に可愛がっていました。

犬上川の「大蛇の淵」

ある日、少し離れた鳥籠山《とこのやま》に入り、鹿を追ううちに清流《せいりゅう》が奇岩《きがん》の間をうねり下る淵《ふち》の近くで、日が暮れてしまいました。しかたなく朽《く》ち木の根本《ねもと》で一夜を明かそうと弓矢をそろえ置き、愛犬の小白丸《こじろまる》をかたわらに休みました。

深夜に突然、小白丸が激しく吠え、主人に向かって飛びかかります。なだめて叱《しか》りつけてもますます吠《ほ》え襲う様子。ついに彼は腹にすえかね刀を抜き、小白丸の首を切り落とすと、首は彼の頭上に飛び上がり、大きな枝に食いつき落下。しかしそれは枝ではなく、狩人を狙《ねら》っていた大蛇だったのです。犬の首は大蛇の喉《のど》にしっかりと噛《か》みつき、即死させていました。狩人はこれを見て恐れ、悲しみ嘆き、そこに祠《ほこら》を建て、命を救ってくれた犬（小白丸）を神として祀ったのです。

この祠の名が「犬神明神」。このお話がそのまま地名になりました。川は犬上川、その淵は「大蛇の淵」と呼ばれています。

こうした坊人による「絵説法《えせっぽう》」は紙芝居的な要素があり、行く先々で人々の評判となりました。全国津々浦々《つつうらうら》を布教し歩き回りながら、坊人たちは人々の暮らしに深く関わって多くの喜《き》捨《しゃ》を授かり、それが多賀社本願寺の発展を支えてきたのです。

○生命の息吹《いぶき》を感じつつ……

明治の神仏分離令は多賀大社にも及び、多賀大社の中の本願寺院や本地仏殿は排除され、他に移りました。ただ、重源が笈《おい》を置いたという石は「寿命石」と讃えられ多くの人々が願いをかけています。また多賀明神の本地仏の阿弥陀如来は、近くの真如寺《しんにょじ》で祀られ、そのお姿は当時と変わらぬ慈愛《じあい》を示されているのです。

さて、私の住する寺（大阪・法楽寺）の境内には、樹齢《じゅれい》千年と言われる大楠《おおぐす》があります。最近はパワースポットとしての人気もあるようですが、大きく枝を張った大木を見上げると、邪念を吹き飛ばしくれる爽《さわ》やかな風を感じます。英語のspirit《スピリット》（精神）の語源は「息」とか「風」だそうですが、まさに大樹に宿る神から与えられる生命の息吹です。

重源の「寿命石」
（多賀大社境内）

――全部で二十四回にわたった「神と仏の物語」は、この物語をもって終わりです。

重源上人は六十一歳の高齢をもって東大寺大仏殿再興に臨みました。私も寿命を頂戴して、精進《しょうじん》を重ねたく思います。

合掌

あとがき

日本古来の神さまは壮大な自然の力を有し、大きな岩や巨木、美しい姿の山、川と川の合流するところ、そして小さな草にまで神が宿るとされ、人々は災いを退け恵《めぐみ》を求めて季節ごとに祭儀を欠かしませんでした。

一方、仏教が日本に伝来したのは欽明《きんめい》天皇十三年（五三八年・『日本書記』）。仏教は神々（八百万《やおよろず》の神々）の中に共通の価値観を見い出します。草木国土悉皆成仏《そうもくこくどしっかいじょうぶつ》——草木をはじめ大地にいたるまで命あるすべてのものは仏になりうる。一木一草に霊魂があるから神が宿られる。仏教の教えの中に神さまの信条を加えることで神と仏が違和感なく融合し、神仏習合《しんぶつしゅうごう》と呼ばれる信仰形態が培《つちか》われていきました。

やがて人々は、家の内に神棚《かみだな》を祀り、仏壇を拝む。神と仏にお給仕《きゅうじ》（仕《つか》え）することを日課とします。それは正直を宗《むね》とし神に加護を求め、善根《ぜんこん》を積み、誠実な心で罪悪を懺悔《ざんげ》し、仏・菩薩に帰《き》依《え》するという信仰の姿を確立していきました。

「神と仏の物語」は、このように神と仏が密接な関係で千数百年もの間歩みを共にしたことを題材とし、平成二十三年四月〜二十五年三月まで二十四回にわたり、仏教専門誌「大法輪《だいほうりん》」に連載しました。

こんな出会いがありました。物語を書き始めてしばらくしたときです。なじみの古書店の主人が仏画を持参し、その仏さまの名を問いました。上部に月と日があり、宝冠をかぶる如来のお姿で黒い馬に乗る、仏とも神とも思えるお姿でした。私は「勝軍《しょうぐん》地蔵菩薩とよく似ているが、持ち物が違っている」としか答えられませんでした。すると主人は、名前がわからぬ仏だと人に勧めることもできないと、そのまま私のお寺（法楽寺）に奉納されました。

それが連載も終わりに近づいた頃、資料を求め滋賀県の多賀《たが》神社を訪ねた際に、古書店の主人が納めたものと同じお姿の神さまに出会ったのです。それは室町時代から江戸時代にかけ多賀の坊人《ぼうにん》たちが御利益《ごりやく》を説くために持ち歩いた多賀明神《たがみょうじん》さまのお姿でした。このときの私の驚きは、まるですぐ傍《かたわら》で梵鐘《ぼんしょう》が鳴り響いたかの如くでした。物語では多賀の明神さまは、東大寺の復興を願う重源《ちょうげん》さまに寿命を授けます（二十四の語り　重源と東大寺と多賀明神）。その多賀明神さまが、私のお寺にお越しになられた。私にももう少し頑張れと、寿命をお授けいただいたような喜びを味わいました。

書き物は不得手《ふえて》ですが、取材と称してあちこちを訪ねることは楽しかったです。神社もお寺も共に繁栄した平和で穏やかな時代に思いをはせ、楽しい物語の舞台に立つことができました。

仏教伝来から千四百年を経た今日、日本国中どこに行っても神さまを祀る「社《やしろ》」とお寺の甍《いらか》を目にします。おそらく神社と寺院が、明治の神仏分離政策以前の神仏習合のような形態に戻ることは、もうないのだと思います。けれども神と仏は、今も、これからも日本人の心に寄り添うように人々を守り育てくださることでしょう。神と仏が共に歩んだ道をたどることで、日本古来の素朴な信仰の姿、心のふるさとを感じていただければ望外の喜びです。

最後になりましたが、私の遅い筆に辛抱強く付き合い、また常に励ましてくださった大法輪閣編集部の佐々木隆友氏、パソコンが扱えない私の原稿を整え、資料を整理し編集者とのやりとりをしてくれたリーヴスギャラリー小坂奇石記念館学芸員の砂田円さん、原稿執筆や取材のための時間を捻出してくれた自坊の職員の皆に、感謝を申し上げます。

平成二十五年六月一日

小松庸祐

【主な参考文献】

◆『いまは昔、むかしは今』①〜⑤ 福音館書店
◆『日本古典大学大辞典 第一巻〜五巻』岩波書店
◆『仏教説話集成①・②』図書刊行会
◆『日本民族文化大系4 神と仏――民衆宗教の諸相』小学館
◆『大日本神名辞書』梅田義彦編著／堀書店
◆『風土記』秋本吉郎校注／岩波書店
◆『神道思想集』石田一良編集／筑摩書房
◆『今昔物語集』平凡社
◆『図説 日本の仏教 第六巻 神仏習合と修験』新潮社
◆『修験道史研究』和歌森太郎著／平凡社
◆『通俗 親鸞聖人御一代記 全』大富秀賢著／永田文昌堂
◆『御創建一一五〇年記念 杭全神社宝物撰』杭全神社
◆『弘川寺――西行記念館図録』弘川寺
◆『西行花伝』辻邦生著／新潮社
◆『丹生都比売神社史』宗教法人 丹生都比賣神社
◆『春日験記絵と中世』五味文彦著／淡交社
◆『天神絵巻――太宰府天満宮の至宝』太宰府天満宮
◆『菅原道真没後千百年 天神さまの美術』東京国立博物館・福岡市博物館・大阪市立美術館／NHK
◆『大仏開眼と宇佐八幡神――黄金の出土・法蓮・良弁』清輔道生著／彩流社
◆『石清水八幡宮展――時空をこえる秘宝』京都府八幡市立松花堂美術館
◆『神応寺文化財調査報告書』八幡市教育委員会
◆『明恵上人 愛蔵版』白洲正子著／新潮社
◆『小説 明恵』寺林峻／大法輪閣
◆『備前 正樂寺』日光山正樂寺 千手院
◆『阿倍野王子物語』阿倍王子神社宮司 長谷川靖高著／新風書房
◆『陰陽道と平安京――安倍晴明の世界』川合章子著／淡交社
◆『遣隋使・遣唐使と住吉津』住吉大社／東方出版
◆『愛宕山をめぐる神と仏』佛教大学宗教文化ミュージアム
◆『日本の神3 神の顕現』山折哲雄著／平凡社
◆『元伊勢の秘宝と国宝海部氏系図』海部光彦編著／元伊勢籠神社
◆『重源――東大寺の鎌倉復興と新たな美の創出』奈良国立博物館
◆『社寺縁起伝説辞典』戎光祥出版

大法輪
◆第四十巻（八月号）弘法大師空海の風土記
◆第四十一巻（一月号）修験道 山伏の修行
◆第四十一巻（五月号）法然上人と浄土教
◆第四十一巻（十二月号）民間信仰と神仏交渉
◆第四十八巻（七月号）明恵上人とその歌
◆第五十一巻（十月号）仏教と日本の神々
◆第五十二巻（二・三・四月号）重源と東大寺再建
◆第四十五巻（七月号）奈良仏教をさぐる
◆第五十四巻（一月号）神と仏の世界
◆第五十七巻（二月号）親鸞聖人の和讃を読む
◆第五十九巻（十月号）身近な神道ここが知りたい
◆第六十五巻（十一月号）古代日本仏教の英雄行基
◆第六十六巻（十一月号）神道を知るために
◆第六十八巻（六月号）神道に親しむ
◆第五十六巻（二月号）釈尊の教えと涅槃
◆第七十一巻（四月号）鎌倉仏教・再入門

小松　庸祐（こまつ・ようゆう）

昭和16年（1941）東京生まれ。國學院大學文学部史学科を卒業し、昭和41年（1966）大阪の古刹「たなべ不動尊」法楽寺に入寺。昭和57年（1982）正力松太郎賞（団体賞）受賞。昭和58年（1983）正楽寺（滋賀）、平成5年（1993）法楽寺住職に就任し現在にいたる。平成15年（2003）密教教化賞受賞。
著書に『ほとけさまの物語散歩―古典に学ぶ仏教のこころ』（朱鷺書房）、『ＣＤ付き　般若心経　読む・聞く・書く』（西東社）、『真実の人　慈雲尊者―釈尊ひとすじの生涯とその教え』（共著、大法輪閣）ほかがある。

〈日本人《にほんじん》の心《こころ》のふるさと〉**神《かみ》と仏《ほとけ》の物《もの》語《がたり》**

平成25年　7月　10日　初版第1刷発行 ©

著　　者	小　松　庸　祐
発 行 人	石　原　大　道
印刷・製本	株式会社 ティーケー出版印刷
発 行 所	有限会社 大　法　輪　閣
	〒150-0011 東京都渋谷区東2-5-36 大泉ビル2F
	TEL　(03) 5466-1401(代表)
	振替　00130-8-19番
	http://www.daihorin-kaku.com

ISBN978-4-8046-1350-5　C0015　Printed in Japan